월 1억 원 매출이 오르는 상세페이지 기획법

박길현 지음

아티오
ArtStudio

10년 동안 창업 강의를 해오면서 저는 10,000명이 넘는 수강생 분들을 만났습니다. 일반적으로 온라인 쇼핑몰을 시작하려는 분들의 창업 과정을 보면 먼저 판매 상품을 정하고, 상품 소싱을 한 다음, 사진 촬영을 합니다. 그리고 상세페이지 디자인을 하여 만들고 상품 등록을 합니다. 그 다음에는 무엇을 할까요?

많은 분들이 온라인 광고를 진행합니다. 그런데 이러한 순서대로 진행해서 매출을 내려면 '광고를 하면 내 상품은 무조건 팔린다' 라는 전제가 있어야 합니다. 우리는 고객에게 판매를 하기 위해서 상품을 등록하고 광고를 하는 것입니다. 그런데 과연 광고를 해서 쇼핑 검색 첫 번째에 노출이 되면 무조건 상품이 팔릴까요?

정답은 아닙니다. 아무리 광고를 통해 상세페이지가 상단에 노출되더라도 매력이 없다면 고객의 이탈을 만들 뿐이죠. 그렇다면 고객이 계속 보고 싶어 하고 매력있는 상세페이지는 어떻게 만들어야 할까요? 온라인 창업을 하고 있는 많은 분들이 놓치시는 단계가 상세페이지 기획입니다. 즉 제대로 된 상세페이지 기획서를 쓰지 않는다는 것입니다. 상세페이지 기획서를 작성할 때 매력 있는 부분을 기획해야 합니다.

물론 온라인 광고를 해서 상세페이지를 노출시키는 것도 중요합니다. 하지만 상품을 노출했을 때 고객이 구매를 하느냐가 더 중요합니다. 고객이 구매 버튼을 누르게 하는 것은 '상세페이지 기획'입니다. 여기서 어떤 분은 '상세페이지 디자인'이 더 중요하지 않냐고 반문하기도 합니다. 여기서 명심해야 할 것은 고객은 상세페이지가 예쁘다고만 해서 상품을 구매하는 것이 아니라 상세페이지에 적힌 상품 가격과 옵션 정보부터 상세페이지 문구와 이미지, 이 요소들의 구성을 어떻게 했는지 기획을 보고 구매를 결정합니다.

판매가 잘 안 되는 판매자분들의 스마트 스토어 상세페이지를 보면 상세페이지의 시작이 제품명 또는 회사명으로 시작하고 있습니다. 또는 뉴스 기사처럼 제품의 장점만 쭈욱 설명하는 상세페이지를 업로드하고 있습니다. 더불어 무서운 사실은 그러한 상세페이지를 비용을 지출하여 온라인 광고로 노출하고 있는 것입니다. 즉, 대다수의 분들이 매력이 없는 상세페이지로 광고를 하는 바람에 판매도 되지 않을뿐더러 광고비 지출까지 하게 됩니다.

그동안 수강생 상세페이지를 보면서 안타까웠던 부분들, 강의로 만나는 분들에게만 도움을 드릴 수밖에 없었던 한계를 벗어나 더 많은 판매자 분들의 매출에 도움이 되고자 이 책을 집필하게 되었습니다. 이 책에서는 잘 팔리는 상세페이지의 레이아웃과 요소, 장점을 극대화 하는 글쓰기 방법, 상세페이지 기획서를 쓰는 방법 등에 대해서 알려 드립니다. 이제 책에 있는 내용들을 여러분들의 상세페이지에 적용해 보면서 스마트 스토어 매출을 높여 보세요.

머리말 … 2

1장 : 스마트 스토어에서 판매가 잘 되려면?

1. 시장에서 팔리는 상품인가? … 10

2. 가격 기획하는 방법 … 27

3. 잘 팔리는 상세페이지 기획과 디자인 … 31

4. 광고만 노출일까? … 38

2장 : 상세페이지 기획의 중요성

1. 기획이란? … 48

2. 상세페이지 기획의 중요성 … 49

3. 온라인 마케팅의 실패 원인 … 51

4. 검색에서 구매까지 고객의 행동 패턴 분석 … 58

3장 : 잘 팔리는 상세페이지 기획 방법

1. 상세페이지 제작 순서 … 70

2. 철저한 벤치마킹으로 1등 상세페이지 만들기 … 71

3. 상위 노출을 위한 상품명 작성법 … 91

4. 타겟과 5가지 질문을 작성하라 … 102

5. 상품 기획서 작성 방법 … 108

4장 : 잘 팔리는 상세페이지 레이아웃

1. 후기 탭 – 고객은 무엇을 볼까? ··· **121**

2. 매력과 신뢰를 주는 이벤트+○○영역 ··· **125**

3. 고객 후기를 디자인하라 ··· **137**

4. 객단가와 체류 시간을 늘리는 방법은? ··· **144**

5. 잘 팔리는 상품 상세페이지 구성 방법은? ··· **147**

6. Q&A도 상세페이지다 ··· **159**

5장 : 매력과 신뢰를 주는 요소 4가지

1. 유명 인사의 등장과 PPL ··· **162**

2. 내 제품의 전문가는 누구인가? ··· **164**

3. 신뢰도를 더 높이기 위한 인증 요소는? ··· **166**

4. 미디어의 힘을 활용하라 ··· **169**

6장 : 구매 버튼을 클릭하게 만드는 11가지 방법

1. 문제를 팔아라 ··· **176**

2. ○○을 불러라 ··· **185**

3. 반복 또 반복하라 ··· **187**

4. 평서문보다 ○○법을 사용하라 ··· 190

5. 숫자를 사용하라 ··· 193

6. 비교법을 사용하라 ··· 196

7. if법을 사용하라 ··· 198

8. CTA로 고객의 직접적인 행동을 일으켜라 ··· 200

9. 고객의 이득을 작성하라 ··· 202

10. 동일시를 생각하라 ··· 204

11. 움짤로 구매를 더 늘려라 ··· 206

7장 : 경쟁자를 이기는 필승 전략

1. 경쟁사의 공격을 방어하고 공격하는 방법 ··· 212

2. 경쟁사의 1점 후기 공략하기 ··· 216

3. 더 많이 더 빠르게 판매하는 방법 ··· 220

4. 가격에 대한 심리적 고통을 줄이기 위한 방법 ··· 224

5. 고객이 미끼 상품만 구매한다면? ··· 226

6. 의류, 액세서리, 가구 등을 더 잘 판매하는 방법 ··· 228

7. 식품, 생활용품, 화장품 등을 더 잘 판매하는 방법 ··· 232

8장 : 상세페이지 디자인 프로세스

1. 상세페이지 디자인 요소 ··· **234**

2. 상세페이지 디자인 제작 프로세스 ··· **244**

3. 디자인 제작 프로그램 ··· **250**

4. 디자인 계약하는 방법 ··· **255**

부록 스마트 스토어와 판매 채널의 종류

1. 스마트 스토어 ··· 258

2. 오픈마켓 – 옥션, 지마켓, 11번가, 인터파크, 쿠팡, 위메프, 톡스토어 ··· 264

3. 입점몰(전문몰), 앱 입점 –
   10×10, 1300k, 아이디어스, 29cm, W킨셉, 브랜디 ··· 266

4. 쇼핑몰 ··· 268

5. 해외몰 – 타오바오, 큐텐, 라쿠텐, 아마존, 이베이, 해외쇼핑몰 ··· 271

6. SNS ··· 272

7. 영상이 대세! 라이브 커머스 ··· 275

8. 와디즈 : 펀딩 사이트 ··· 280

에필로그 ··· 282

1장

스마트 스토어에서
판매가 잘 되려면?

온라인 마켓 시장은 지금 치열한 전쟁터라고 볼 수 있습니다. 많은 분들이 스마트 스토어를 비롯한 온라인 마켓에 뛰어들고 있는 상태에서 철저한 판매 전략 없이 안이한 기획으로 진입했다가 사라지는 모습을 많이 봅니다. 따라서 1장에서는 본격적인 학습에 들어가기 전에 하나라도 놓치면 매출이 줄어드는 '판매 성공의 필수 조건'에 대해서 알아보도록 하겠습니다.

1 시장에서 팔리는 상품인가?

상품 기획 ～～～～～～～～～～～～～～～～～

　몇 년 전 집에서 TV를 통해 뉴스를 보고 있을 때 외국의 한 사업가가 가운데에 지퍼가 달린 마스크를 쓰고 나온 적이 있었습니다. 그는 지퍼를 열고 음식을 먹을 수 있는 획기적인 마스크를 개발했다고 인터뷰를 합니다. 아마도 마스크를 개발한 사업가는 '이 제품은 획기적이고 기발해! 이제 나는 부자가 될거야!' 라고 기대했을 것입니다. 하지만 실제 소비자의 인터뷰 반응은 '편리하긴 하겠지만 비위생적이다' 였습니다.

이제부터 우리들은 지퍼를 사용하여 음식물을 편리하게 섭취할 수 있습니다.

상품을 개발하는 목적은 판매를 하여 이익을 올리기 위한 것이고, 그러기 위해서는 **고객의 수요가 있는 상품이어야만 할 것입니다.** '이건 당연하고 모두 아는 사실 아니야?' 라고 생각하실 수 있지만 사람들은 욕심에 눈이 멀거나 희망에 부풀어 잘못된 판단을 하는 경우가 현실에서는 비일비재합니다. 생각의 함정에 빠져서 고객의 수요를 모른 채 무조건 '이 상품은 될거야' 라고 그릇된 판단을 합니다.

그러다보니 무작정 큰 돈을 투자해서 아이디어 상품을 대량으로 생산하거나 판매를 위한 대량 구입을 해서 재고를 쌓아 놓는 경우가 많습니다. 그런데 이렇게 재고를 쌓아놓고 판매가 안 된다면? 당연히 큰 손해를 보게 되겠죠. 그러다보니 상품에 문제가 있어서 판매가 안 되는 것인데 제대로 인지하지 못하고 광고나 상세페이지 디자인이 잘못되어 판매되지 되지 않는 것으로 잘못된 판단을 내리기도 합니다.

그러면 우리는 어떤 상품을 판매해야 할까요? 어떻게 하면 고객이 못 사면 안달 나는 상품을 만들 수 있을까요? 답은 멀리 갈 필요없이 온라인 시장 안에서 찾아 볼 수 있습니다. 예를 들어 당신이 온라인 마켓에서 상품을 판매한다고 할 때 다음과 같은 세 가지 상품이 있다면 어떤 상품을 고르고 싶으신가요?

베스트셀러 상품은 고객들이 가장 좋아하는 상품이라고 볼 수 있으며, 당연히 판매량이 높은 상품에 해당합니다. 그래서 온라인 마켓들을 보면 카테고리 별로 베스트셀러 상품들을 눈에 잘 띄는 곳에 배치해 놓고 있습니다. 베스트 상품은 스테디셀러 상품이거나 인기가 갑자기 많아진 인기 급상승 상품일 수도 있습니다.

스테디셀러는 꾸준히 판매되는 상품을 말하는 것으로, 이런 경우 이미 선점한 사람들이 있더라도 상세페이지 기획만 잘한다면 천천히 판매량과 판매 순위를 올릴 수 있습니다. 하지만 인기 급상승 상품은 정말 조심히 접근해야 합니다. 바로 유행 상품이라는 것이 위험 요소이기 때문으로, 잘못하면 스테디셀러와는 달리 꾸준히 판매되지 않을 수 있습니다.

인기 급상승 상품은 주식에서 테마주와 같습니다. 언제 폭락할지 모르는 위험 부담이 있지만, 선점해서 판매할 경우 선점한 사람이 제품 판매량의 90% 이상을 가져갈 수 있습니다. 한때 걸어두는 공기 정화 식물이 유행했었습니다. 저희 어머니 집을 방문했을 때에도 이 식물이 있었고, 지인의 집들에도 보이더군요. 이 상황을 보고 '이 식물 팔아볼까?' 하고 상품을 사입하면 이미 늦었을 수도 있다는 이야기입니다. 여기저기서 보인다는 것, 심지어 소식이 느린 어머니도 샀다는 것은 '구매할 사람은 이미 다 구매했구나' 라고 볼 수 있습니다.

인기 급상승 상품의 고객 수요를 알아보려면 '네이버 키워드 도구'와 '네이버 Data Lab'에서 검색량 추이를 보는 것도 좋은 방법입니다. 그렇다면 판매하기 가장 좋은 상품은 베스트 상품이면서 스테디셀러라고 할 수 있습니다. 이들은 고객이 한번 구매하면 끝이 아니라 소비가 계속 일어나는 상품들에 해당합니다. 예를 들면 꼭 필요해서 구입을 했더라도 잘 고장 나는 상품이거나, 잘 잃어버리거나, 사용하면 없어지는 소비재 상품들이죠. 결국 고객은 그 상품을 재구매해야 합니다. 그리고 유행하는 상품을 판매하고 싶은 경우에는 시간이 지나면 고객 수요가 갑자기 줄어들 수 있기 때문에 많은 재고 상품을 갖고 판매하는 것은 위험할 수 있습니다.

온라인 예비 창업자들을 만나보면 아직 사업 아이템도 결정하지 못한 분들도 많이 보았습니다. 돈과 시간과 체력을 사업에 모두 쏟는 만큼 사업 아이템을 선정할 때는 신중해야 합니다. 대부분의 예비 창업자들이 아이템을 고르는 기준을 분석해보면 아래와 같습니다.

① 하고 싶은 상품

말 그대로 하고 싶은 상품으로 창업을 하는 것입니다. A 판매자가 하고 싶은 상품을 판매해서 월 300만 원을 벌고, B 판매자는 자신과 아무 상관없는 상품을 판매해서 500만 원을 벌었다고 가정해 봅시다. 물론 저라면 B의 경우를 더 선호하지만 자신이 좋아하는 옷을 판매하거나 자신이 좋아하는 가구, 애견용품 등을 판매하는 A판매자의 경우가 만족도가 더 클 수 있습니다. 수익이 B 판매자보다 조금 적더라도 본인이 하고 싶은 것을 하면서 직장을 다닐 때보다 더 높은 수익을 올리고 있다면 그만큼 만족감도 크고 후회도 없기 때문이죠.

하고 싶은 상품으로 창업하는 경우는 젊은 층에서 많이 나타납니다. 다만 하고 싶다는 마음 하나만 가지고 아무런 준비 없이 시작하는 경우가 종종 있다는 단점이 있습니다. 물론 그 분은 준비가 충분하다고 생각할 수 있겠지만 말이죠. 때로는 '직장을 그만두고 온라인 판매를 해볼까?' 하고 생각한다거나 무작정 옷을 팔고 싶거나 액세서리가 팔고 싶어서 시작하는 경우도 많습니다.

상품 조사, 시장 조사가 되어 있지 않은 상태에서 온라인 창업 교육한번 들어보지 않고 아이템을 정해버리는 사람들도 많습니다. 요즘 방송매체, 유튜브 등을 통해 '인터넷 쇼핑몰, 스마트 스토어를 이용하면 쉽게 돈을 벌 수 있다.' 라는 정보를 쉽게 얻을 수 있어 쉽게 유혹에 빠지곤 합니다. 실상은 창업 후 혼자서 일당백의 업무를 소화해야 하는 온라인 시장인데 말이죠. 이런 이유로 잘못된 타겟 설정, 판매가 안 되는 상품 선정, 자본 부족 등으로 포기하는 경우가 비일비재합니다.

② 유통이 쉬운 상품

유통이 쉬운 상품이란 쉽게 구할 수 있는 제품을 판매하는 경우입니다. 예를 들면 지인이 제조하는 제품을 판매하거나, 부모님의 제품을 판매하는 경우 등이 있습니다. 이 경우는 운이 좋으면 마진을 많이 남길 수 있는 이점이 있습니다. 그 외에 쉽게 접할 수 있는 유통 경로인 '온채널', '도매꾹'과 같이 여러 제조사가 모여 있는 유통 대행 사이트에서 제품을 가져와서 판매를 하는 경우가 있습니다.

온채널의 장점은 제조사에서 이미 완성된 상세페이지를 판매자에게 제공하며, 위탁 배송을 제조사에서 해주기 때문에 재고 부담과 포장을 해야 하는 인건비가 들지 않습니다. 대신에 단점은 이미 많은 온라인 판매 업체들이 같은 제품과 같은 상세페이지를 제공 받아서 판매하고 있다는 것입니다. 그래서 결국 가격 싸움이 필연적이고, 마진을 적게 남길 수밖에 없다는 단점이 있습니다. 이러한 단점을 극복하려면 위탁 판매 제품이라도 상품을 주문해서 상세페이지 기획과 촬영, 디자인을 새롭게 해서 판매를 하면 매출도 올라가고 마진을 더 남길 수 있습니다.

수강생 중에 온채널 제품 상품을 판매하고 싶은 분들이 계셨습니다. 그런데 등록해야 할 상품 수가 너무 많은데 모든 상품의 상세페이지 기획을 해야 하냐고 질문을 하셨습니다. 이럴 때는 **주력 상품 위주로 기획을 해야 합니다.** 주력 상품은 시장 조사로 정하면 됩니다. 물론 주력 상품이 아니었던 상품이라도 일단 판매했을 때 판매가 잘 되는 상품이라면 기획을 다시해서 광고를 해보는 것도 좋습니다.

③ 잘 하는 상품

여러분은 어떤 재능이 있으신가요? '빵을 잘 만드시나요?', '뜨개질로 옷을 만들 수 있으신가요?' 잘 하는 상품이란 취미나 재능이 상품화 된 경우입니다. 수공예 상품을 판매하는 판매자 수가 많아지면서 그분들이 입점해서 판매할 수 있는 '아이디어스'와 같은 수공예 전문몰도 생겼습니다.

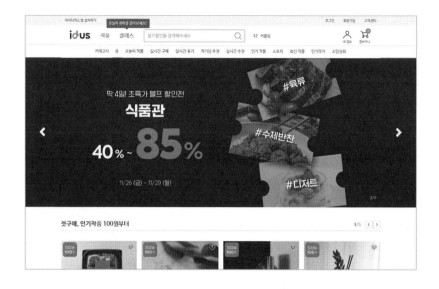

　잘 하는 상품인 경우 본인이 제조사이기 때문에 장점이 많습니다. 특별한 강점을 가진 자신만의 상품을 개발할 수 있고, 그 부분을 강조한 기획으로 상세페이지를 만들어서 판매한다면 시중에 똑같이 판매되는 상품들보다 성공할 가능성도 많습니다. 하지만 수공업이라는 단점이 있습니다. 예를 들어 인기가 많아서 하루에 100개, 1,000개 들어온 주문을 처리하려면 어떻게 해야 할까요? 재능이 필요한 상품이기 때문에 똑같이 나를 복제하지 않는 이상 하루 10시간, 아니 20시간을 일해야 할 수도 있습니다.

　그러다보니 사업 초기에는 혼자 제품 생산을 하겠지만 이후에는 수공예에 능한 전문가급 고급 인력의 인건비가 들어갑니다. 또한 상품이 꾸준히 100개, 1,000개 들어오면 문제가 되지 않지만 주문이라는 것이 그렇게 꾸준히 들어온다고 보장할 수도 없습니다. 이런 경우는 안 나가도 될 인건비가 추가로 지출되어 버립니다. 실제로 주변에서 수제 비누, 수제 마카롱, 캘리그라피 상품 등을 판매하는 판매자들을 보면 인건비가 다른 카테고리의 상품들보다 많이 나가는 것을 볼 수 있습니다. 그렇기 때문에 잘 하는 상품을 판매하거나 시작하는 분들은 체계를 갖춰서 **사업 시스템화**를 고민해보셔야 합니다. 대부분의 사람들은 하루 24시간 일하면서 10억을 버는 것보다, 하루 4시간 일하고 10억을 버는 것을 좋아하니까요.

④ 돈이 되는 상품

돈이 되는 상품은 시장을 분석하여 수익을 낼 수 있는 상품을 찾아서 판매하는 것입니다. 시장에서 돈을 버는 상품은 베스트 상품에서 볼 수 있습니다. 즉, 내가 하고 싶은 상품이나 잘하는 상품이 아니더라도 기존에 잘 팔리고 있는 상품을 분석하고 소싱해서 판매를 하는 것입니다. 그렇기 때문에 **유능한 사업가라면 시장에 팔리는 어떤 상품이라도 기획을 잘해서 더 많은 판매를 할 수 있는 능력이 필요합니다.** 왜냐하면 시장은 끊임없이 새로운 상품이 나오고, 경쟁자도 나타나기 때문에 영원히 한 가지 상품만 판매할 수 없기 때문입니다.

하고 싶은 상품을 판매하는 판매자는 월급 정도의 수익만 되어도 만족감이 있을 수 있지만, 돈이 되는 상품을 하는 사람은 그런 만족감보다 수익을 더 높게 생각할 수도 있습니다. 그렇기 때문에 하고 싶은 상품이나 잘 하는 상품을 판매하려는 사람들도 잘 생각해 보아야 합니다. 하고 싶은 상품을 판매해서 월 500만 원 버는 것이 행복한지, 생각지도 않았던 상품이지만 돈이 되는 상품을 판매해서 월 10억 원을 판매하는 것이 좋을지 말입니다.

10년 전 학원에서 디자인 관련 강의를 하고 있을 때의 일입니다. 당시에 사촌 언니들이 동대문 도매 시장에서 매장을 운영하고 있었는데 유명 쇼핑몰들이 언니들의 매장에서 제품들을 대량으로 사입하고 있었습니다. 언니들은 제게 도매 시장에서 같이 일하면서 매장에 있는 옷을 온라인에 판매해보면 어떻겠냐고 제안을 해 왔습니다. 심사숙고한 결과, 관심이 생겨서 직접 쇼핑몰을 운영하기 위해 합류를 했습니다. 그렇게 6개월 정도 새벽에 매장 일을 하면서 사입 삼촌들도 알게 되고, 주변 매장들에 대한 정보도 얻게 되었습니다.

어느 정도 시간이 흐른 뒤 할 수 있겠다는 자신감이 들어 본격적으로 온라인 쇼핑몰 판매에 들어갔습니다. 일단, 언니들 가게에서는 옷을 무료로 사입할 수 있었기 때문에, 주변 매장에서 추가로 의류와 잡화를 사입해서 오픈마켓에 판매를 시작했습니다. 매장의 옷들이 10대 의류였기 때문에 타겟을 10대 학생으로 잡고 판매를 시작했는데 지금처럼 세포 마켓(인스타그램 등의 SNS를 통해 이뤄지는 1인 마켓) 형태가 아니었기 때문에 많은 제품으로 상품 구성을 해야 했습니다. 그런데 문제가 생겼습니다. 언니들 매장 제품은 무료였지만 다른 매장 제품들은 각각 색상을 구입해서 사진을 찍어야 했기에 자금 조달이 쉽지 않았고, 하고 싶은 상품이었어도 자금회전이 잘 되지 않았기 때문에 판매가 되어도 행복하지 않았습니다.

그래서 '무조건 돈이 되는 제품을 해보자' 라는 판단을 내리고 창업 교육도 들으면서 아이템 조사를 했습니다. 조사를 해보니 이어폰 판매가 괜찮아 보였습니다. 이어폰으로 아이템을 정한 이유는 실제 국내 도매시장 조사가와 1위 판매자의 판매가를 계산해 보니 마진이 많이 남았습니다. 그리고 상품을 선택할 때 제품의 부피도 영향을 미쳤습니다. 제품의 부피가 크면 그 제품이 차지하는 자리, 즉 창고비도 지출되기 때문입니다.

그래서 바로 국내 도매시장에서 이어폰을 사입하여 판매를 했습니다. 이어폰을 판매하면서 관련 교육도 듣다보니 중국에 갈 기회가 생겼습니다. 중국 시장에 직접 가보니 제가 판매하는 이어폰과 같은 상품을 판매하는 매장이 많은 것을 발견하고, 그중에 가장 낮은 도매 가격의 제품으로 거래를 하였습니다. 부피도 작고 무게가 적어서 처음에 4,500개 정도의 제품을 수입해서 판매했습니다. 저도 살면서 이어폰을 판매할 거라고는 생각도 못했었습니다. 결국 돈이 되는 상품을 판매하게 된 거죠. 그렇게 판매를 하던 중 카페24 쇼핑몰 강의 의뢰가 들어와서 강의를 시작하게 되었습니다. 그러나 이어폰은 판매가 잘 되었지만 제품 단가가 낮았기 때문에 전환이 필요했습니다.

이 얘기를 왜 하냐고요? 저는 이때부터 강의를 하면서 쇼핑몰 제작 의뢰를 받으면 쇼핑몰 디자인을 만들어 판매하기 시작했고, 지금은 온라인 강의 사이트로 판매망을 확대한 상태입니다. 결국 지금은 제가 잘 하는 상품을 하고 있다고 볼 수 있습니다. 이렇게 10년 동안 판매하는 아이템의 성격이 바뀌기도 합니다.

옵션 기획 〰〰〰〰〰〰〰〰〰〰〰〰

옵션이란 메인 상품과 관련된 상품을 고객이 선택할 수 있게 추가로 등록하는 기법으로 보통 상품의 색상, 사이즈, 용량 등이 다른 상품일 경우 활용합니다. 또는 비슷한 카테고리지만 다른 상품을 등록하는 경우도 있습니다. 예를 들어 종류가 다른 마우스를 옵션으로 등록하는 경우, 키보드나 USB 등을 옵션으로 등록하는 등입니다. 판매자의 입장에서 보면 같은 카테고리의 종류가 다른 상품을 하나씩 등록해서 여러 페이지에 광고하면 광고비 지출이 크기 때문에 한 페이지에 여러 옵션을 등록하는 것이 광고를 할 때 이익일 수 있습니다. 그리고 옵션이 있으면 객단가를 높이거나 마진을 더 볼 수 있기 때문에 중요하다고 할 수 있습니다. 단, 주의할 점은 너무 많은 옵션은 고객의 선택 장애를 불러올 수 있습니다.

판매자들은 다음과 같이 경쟁 업체의 옵션을 분석할 필요가 있습니다.

- 경쟁 업체의 타겟은 누구인가?
- 옵션 구성을 왜 이렇게 했는가?

옵션을 등록할 때는 타겟이 원하는 옵션을 설정해주어야 고객 이탈이 일어나지 않습니다. 예를 들어 여러분이 판매하는 상품이 선물하기 좋은 상품인데 여러분의 상세페이지에는 선물 옵션이 없고, 경쟁자는 선물 옵션을 등록했다면 고객을 뺏기는 상황이 일어납니다. 그래서 경쟁자의 옵션을 분석해서 여러분의 옵션을 등록할 때 참고하는 것이 좋습니다.

잘 팔리는 사업 아이템은 각 채널의 베스트 상품을 보면 알 수 있습니다.

① 네이버 쇼핑의 스마트 스토어 베스트 100

스마트 스토어에서 가장 잘 판매되는 상품을 찾을 수 있으므로, 수시로 접속해서 카테고리 별로 베스트 상품을 분석해 봅니다.

② 11번가의 베스트 500

가장 높은 베스트 랭킹 스코어를 획득한 상품을 순위별로 500위까지 소개합니다.

③ 네이버 키워드 도구

네이버 키워드 도구는 원래 키워드 광고를 진행하기 위해 필요한 도구입니다. 그래서 고객의 수요, 즉 월간 조회수를 알 수 있습니다. 월간 조회수를 보면 내가 판매하고 싶은 상품을 고객이 어떤 기기로 얼마나 많이 찾는지 알 수 있습니다.

④ 네이버 트렌드, DataLab

네이버 트렌드는 검색량 추이를 볼 수 있습니다. 현재 유행하는 상품이 무엇인지, 판매하고 싶은 상품들의 키워드를 넣어보며 트렌드의 상향과 하향 추세를 알 수 있습니다. 그리고 시즌 상품을 판매하는 경우 판매 시기 등을 알아볼 수 있습니다.

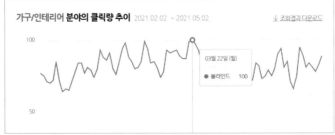

2 가격 기획하는 방법

상품 가격 ∿∿∿∿∿∿∿∿∿∿∿∿∿∿∿∿∿∿

상품의 가격을 정하는 것은 매우 중요하다고 할 수 있습니다. 가격을 정할 때에는 경쟁자들이 판매하고 있는 시장 가격을 조사한 뒤 판매가를 책정합니다. 보통은 1등과 상위 판매자의 가격, 그중에 나와 같은 타겟을 가지고 있는 판매자의 시장가를 조사합니다. 그런 다음 아래와 같은 조건 중에서 적절한 판단을 하여 가격 책정을 하게 됩니다.

- 시장가보다 비싸게 판매가를 책정
- 시장가보다 적게 판매가를 책정
- 시장가와 비슷하게 판매가를 책정

알아두어야 할 것은 똑같은 상품이어도 판매자마다 판매가가 다르다는 것입니다. 따라서 위의 세가지 경우 중 여러분이 어떤 가격을 설정하든지 그 가격을 결정하게 된 이유가 타당해야 합니다.

판매가는 마진(margin)과 깊은 연결고리가 있죠. 이상적인 마진은 포장비, 배송비, 마케팅비를 제외하고 20% 이상입니다. 하지만 이렇게 마진을 설정하면 상품을 자체 제작하는 경쟁자들과 가격 경쟁이 되지 않기 때문에 5~10% 마진을 책정하는 경우도 많습니다. 특히 위탁 판매의 경우 제조사에서 상세페이지를 제공하는 경우가 많기 때문에 경쟁사끼리 똑같은 상세페이지로 가격 경쟁을 하게 되서 더욱 마진을 보기 힘든 경우도 있습니다. 그에 반해 내 상품(제조 상품, 독점 판매)이 있는 경우는 마진 30% 이상도 책정이 가능합니다.

명심해야 할 것 중의 하나가 제조한 상품, 저렴하게 사입한 상품을 판매할 경우 '나는 마진이 많이 남으니까 시장가보다 저렴하게 상품을 판매할 수 있어' 라는 잘못된 판단입니다. **제품을 저렴하게 판매하면 잘 팔릴 것이라고 생각하지만 꼭 그렇지도 않으며, 잘 팔리는 상품은 가격이 저렴하지 않아도 판매가 됩니다.** 똑같은 상품을 촬영하고 상세페이지를 제작하여 판매를 할 때 상품 가격을 5,000원으로 책정해서 1,000개를 파는 것보다 10,000원으로 책정해서 500개를 판매하는 것이 훨씬 효율적일 수도 있습니다. 특히 포장 인건비를 생각했을 때 말이죠.

상품 구매에 따른 직접비 이외에 간접비 비중이 높은 경우 판매가가 너무 낮으면 판매가 되도 이익이 남지 않을 수도 있습니다. 이런 상황이라면 매출이 나도 과연 행복할까요? 그렇다면 이런 경우 어디부터 분석해야 할까요? 가격을 저렴하게 하지 않고 500개를 판매하는 방법은 소비자를 끌어들일 수 있는 상세페이지 기획 마케팅에서 찾아야 합니다. 여태까지의 제 경험에 비추어 생각해 보았을 때 다시 한 번 강조하지만 판매하려는 상품을 결정할 때에는 판매마진이 많이 남는 상품을 고를 것을 추천 드립니다. 그리고 소비자가 혹할만한 세련되고도 멋있는 상세페이지를 만들어 마케팅에 활용할 것을 권합니다.

옵션 가격 ～～～～～～～～～～～～～～～～～

　옵션의 가격을 정하기 위해서는 우선 경쟁 업체의 옵션 구성과 가격을 분석해야 합니다. 옵션 가격이 중요한 이유는 옵션이 고객의 이탈을 막고 구매 전환율을 올릴 수 있기 때문입니다. 대부분의 소비자는 대표 상품의 가격 비교는 열심히 하지만 옵션 상품에서는 가격 비교를 비교적 하지 않습니다. 미끼 상품이라는 말을 들어보셨나요? 대표 상품은 미끼고 옵션에 주력 상품을 배치하여 마진을 많이 남기는 판매 방법입니다. 우리는 미끼 상품이 아닌 마진이 많이 남는 주력 상품을 판매해야 하며, 이런 부분들을 고려해서 옵션의 가격을 책정해야 합니다.

3
잘 팔리는 상세페이지
기획과 디자인

구매 전환율이란?

구매 전환이란 고객이 기획과 마케팅에 반응해서 목적이 되는 행동을 하는 시점을 말하며, 온라인 마켓에서 '구매' 버튼을 누르는 것은 가장 대표적인 전환입니다. 고객이 온라인 강좌 사이트나 모델 하우스 홈페이지에서 '상담 신청' 버튼을 누르는 것 역시 전환으로 볼 수 있습니다. 그리고 유입자 대비 구매 횟수 비율을 구매 전환율이라고 합니다.

◆ 예시 ◆

○ 쇼핑몰에 1,000명의 고객이 유입되었을 때 1명이 제품을 구매하였다면 구매 전환율은 0.1%입니다.

○ 쇼핑몰에 100명의 고객이 유입되었을 때 1명의 고객이 제품을 구매한다면 구매 전환율은 1%입니다.

내 쇼핑몰에 100명이 유입되었을 때 1명이 구매하는 것보다 10명이 구매하는 것이 더 좋겠죠? 이렇게 우리의 목표는 구매 전환율을 높여 매출액을 상승시키는 것입니다.

상세페이지 기획

기획은 상세페이지의 가장 큰 뼈대가 되면서 이 책의 가장 중요한 내용이라고 말할 수 있습니다. 스마트 스토어를 운영하던 두 분이 저에게 상세페이지 기획 강의를 들으신 후, 팔려고 하는 상품에 대한 기획서를 작성하고 상세페이지를 제작했었습니다. 그런 다음 상품 판매를 한 매출 결과표는 다음 페이지의 표와 같습니다.

• A업체

– 판매상품 : 페이스쉴드

– 월 매출 : 약 2,000만 원

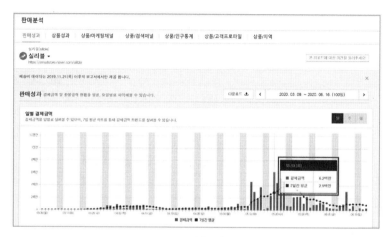

▲ 매출 1

날짜 ▾	요일	결제			배송
		결제금액 ❓	모바일비율 ❓ (결제금액)	결제당 ❓ 결제금액	배송비 ❓
전체	전체	78,899,100	35%	52,010	3,395,000
2020-06-16	화	423,500	60%	32,577	27,000
2020-06-15	월	253,300	84%	21,108	33,000
2020-06-14	일	448,100	65%	40,736	24,000
2020-06-13	토	144,200	49%	24,033	20,000
2020-06-12	금	795,700	78%	46,806	36,000
2020-06-11	목	319,200	20%	35,467	18,000
2020-06-10	수	3,077,600	19%	90,518	81,000
2020-06-09	화	1,031,900	39%	49,138	48,000
2020-06-08	월	774,700	74%	45,571	27,000
2020-06-07	일	257,800	93%	23,436	33,000
2020-06-06	토	337,700	91%	25,977	36,000
2020-06-05	금	434,200	54%	33,400	30,000
2020-06-04	목	561,800	95%	25,536	60,000
2020-06-03	수	1,053,000	85%	36,310	72,000
2020-06-02	화	1,276,900	45%	42,563	57,000
2020-06-01	월	970,400	43%	26,227	90,000

▲ 매출 2

• B업체

– 판매상품 : 절임배추

– 월 매출 : 약 2억 5,000만 원

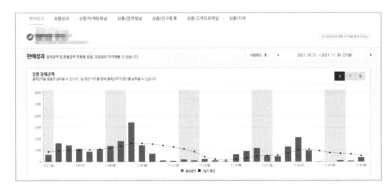

▲ 매출 3

날짜 ▾	요일	결제		
		결제금액 ❓	모바일비율 ❓ (결제금액)	결제당 결제금액 ❓
전체	전체	253,719,180	89%	88,219
2021-11-30	화	3,840,400	82%	76,808
2021-11-29	월	817,300	100%	40,865
2021-11-28	일	1,306,600	88%	56,809
2021-11-27	토	98,700	100%	49,350
2021-11-26	금	326,800	100%	65,360
2021-11-25	목	9,633,800	85%	90,885
2021-11-24	수	21,276,700	89%	94,563
2021-11-23	화	13,051,600	94%	83,131
2021-11-22	월	4,610,300	88%	78,141
2021-11-21	일	5,589,900	83%	68,170
2021-11-20	토	12,000,200	92%	79,472
2021-11-19	금	9,416,670	88%	81,884
2021-11-18	목	6,531,700	93%	56,797
2021-11-17	수	453,600	89%	56,700
2021-11-16	화	1,188,600	89%	54,027
2021-11-15	월	2,570,700	89%	53,556
2021-11-14	일	1,361,740	100%	42,554
2021-11-13	토	2,097,400	89%	59,926
2021-11-12	금	821,300	68%	48,312
2021-11-11	목	1,238,560	80%	58,979

▲ 매출 4

보다시피 두 업체 모두 한 가지 상품으로 원하는 매출을 달성했습니다. 이렇게 상세페이지 기획은 구매 전환율을 높이며 기획을 어떻게 하는지에 따라서 매출이 100% 달라질 수 있습니다. 상세페이지 기획은 매출과 큰 연관이 있고 광고와 뗄 수 없는 관계이기도 합니다. 기획을 하지 않은 상세페이지는 아무리 광고해도 매출이 나지 않고 광고비 지출만 하게 될 뿐입니다.

상세페이지 디자인 ~~~~~~~~~~~~~~~~~~

상세페이지에서 기획이 뼈대라면 상세페이지 디자인은 기획을 더 돋보이게 하는 포장지 역할을 합니다. 그렇기 때문에 상세페이지 기획을 잘했지만 디자인은 하지 않은 상세페이지라도 어느 정도의 매출을 달성할 수 있지만, 상세페이지 기획을 하지 않고 디자인만 잘 된 상세페이지는 매출이 생각만큼 잘 일어나지 않습니다. 물론, 제일 좋은 것은 기획도 잘하고 디자인도 잘한 경우에 해당합니다.

"상세페이지는 짧아야 좋아요, 길어야 좋아요?" 수업 때마다 종종 듣는 질문입니다. 많은 사람들이 긴 상세페이지는 사람들이 다 보지 않을 것이라고 생각합니다. 과연 그럴까요?

상세페이지를 보고 안보고는 어떻게 만들었느냐에 달려있습니다. 상세페이지가 짧고 길고에는 타당한 기획 이유가 있어야 하며, 당연히 기획이 잘 되어진 상세페이지라면 긴 상세페이지도 고객의 시선을 잡을 수 있습니다.

오프라인에서 동일 제품을 연예인이 2시간 동안 판매하는 경우와 일반인이 10분 동안 판매하는 경우 무엇이 더 잘 팔릴까요? 이 경우를 생각해 보면 시간과 길이는 크게 중요하지 않다고 느껴질 것입니다. 유명인을 내세우는 것도 기획이지요.

우리가 고객을 분석할 때 고객의 모든 것을 파악하기는 어렵습니다. 그래서 판매자의 취향대로 상세페이지의 길이를 정하거나 내 생각대로 정하면 안 됩니다. 한 타겟의 성향만 보고 상세페이지를 만드는 것은 실패할 확률이 커집니다. 고객은 상세페이지의 윗부분만 보고 살 수도 있고, 전체를 꼼꼼히 보고 살 수도 있습니다. 또는 빠르게 상세페이지를 내리면서 주요 카피만 볼 수도 있습니다.

길이가 긴 상세페이지와 카피는 짧은 글을 읽고 싶은 사람과 긴 글을 읽고 싶은 사람 모두를 만족시킬 수도 있습니다. 연구가들이 이에 대한 수많은 실험을 한 결과 짧은 타이틀이 고객의 눈에 잘 들어오지만 긴 타이틀 역시 매출을 낸다고 합니다. 단, 여기에는 조건이 있습니다. **길고 짧은지보다 지루하지 않게 잘 쓰인 카피가 더 중요하다는 것이죠.** 길이에 대한 논쟁을 고민하기보다 매력을 끄는 카피를 고민해보고 상세페이지의 질을 높이는데 집중을 하는 것이 더 좋은 매출을 내는 방법입니다.

4 광고만 노출일까?

상품을 사입해서 촬영을 하고 상품 상세페이지 제작을 열심히 해서 상품 등록을 했는데 노출이 안 된다면? 당연히 판매가 되지 않겠죠. 아무리 잘 만든 상세페이지도 노출이 안 된다면 아무 소용이 없습니다. 그럼 어떻게 해야 할까요? 많은 고객이 지나다니는 곳에 상품을 노출하거나 고객이 찾아오게 해야 하겠죠? 대부분의 사람들이 상품 노출은 광고뿐이라고 생각하기 쉽지만 실제로 온라인 마켓에 영향을 주는 노출은 크게 세 가지로 볼 수 있습니다.

- 판매 채널
- 광고
- SNS 마케팅

그럼 세 가지 노출에 대해서 알아보도록 할까요?

판매 채널

보통 노출이라고 하면 광고만을 생각하기 쉬운데 판매 채널을 생각해 보신 적 있으신가요? 판매 채널이란 네이버 스마트 스토어, 옥션, 쿠팡처럼 내가 판매할 상품을 등록하는 곳을 말하는 것으로, **고객에게 처음 상품이 노출되는 곳은 바로 여러분이 선택한 판매 채널을 통해서입니다.** 온라인 판로라고도 하지요. 그래서 처음에 어떤 채널에서 판매를 할지, 앞으로 어떤 채널을 늘려 나갈지에 대한 선택이 중요합니다. 그러기 위해서는 우선 상품을 판매하려고 하는 채널에 대한 분석이 필요합니다. 그 이유는 각 판매 채널마다 가지고 있는 알고리즘, 타겟 등이 다르기 때문입니다. 만약 네이버 스마트 스토어에서 인기 판매자가 되려면 스마트 스토어의 로직을 잘 알아야 합니다. 가끔 수강생 분들 중에 이런 질문을 하시는 분들이 있습니다.

"네이버 스마트 스토어에서 상품 등록을 할 때 상세페이지에 글을 직접 입력하는 것이 노출이 잘된다고 하는데요. 오픈마켓이나 쇼핑몰 상세페이지에도 글을 직접 입력해야 하나요?"

네이버 스마트 스토어의 로직은 이미지, 글, 동영상 등 다양한 요소가 들어가는 것을 좋아합니다. 그래서 상품 페이지가 좀 더 상위 노출이 되기 위해서 스마트 스토어 에디터에 글을 직접 입력하고 동영상을 넣기도 합니다. 또한 스마트 스토어에서는 상품명을 작성할 때 고객의 수요가 있고 경쟁이 낮은 '블루 키워드'를 잘 조합해서 작성하면 해당 키워드로 광고를 하지 않아도 상품이 노출되는 경우도 있습니다.

그렇지만 모든 판매 채널이 그렇지는 않습니다. 쇼핑몰 상세페이지에 글을 직접 입력한다고 해서 네이버 쇼핑에 노출되는 것이 아니라 웹 문서에 노출될 확률이 올라갑니다. 하지만 고객이 웹 문서를 보고 제품을 구매하는 경우는 극히 적습니다. 그래서 스마트 스토어를 제외한 다른 마켓들은 상세페이지를 이미지로 등록해도 괜찮습니다. 웹 문서 노출을 위한 것이 아니라면 말입니다.

혹시 잘못된 정보를 듣고 분석도 없이 쇼핑몰이나 오픈마켓 상세페이지를 매번 글로 입력하고 있으시다면 효율적인 판매를 위해 운영하고 있는 온라인 채널의 종류와 특징을 알아야 할 필요가 있습니다. 각 판매 채널의 종류와 특징, 수수료가 궁금하신 분들은 책 마지막 부록을 참고해 주세요.

(1) 어떻게 판매할 것인가?

가끔 사업 초기에 한 가지 상품을 여러 채널에 동시에 등록하는 경우가 많습니다. 사실 예전에 겪은 제 이야기이기도 합니다. 만약 새로운 아이템을 테스트도 없이 다양한 채널에 등록한다면 판매 채널마다 대표 이미지 사이즈, 상세페이지 사이즈도 다르며 채널의 알고리즘도 다르고, 광고도 각각의 채널에서 진행해야 하니 힘이 분산됩니다. 상세페이지가 고객에게 통할지 안통할지도 모르는데 처음부터 여러 군데에 올릴 필요가 있을까요? 따라서 하나의 채널에서 목표 매출액을 정하고 먼저 성공을 한 다음, 다음 채널로 넘어가는 것을 추천 드립니다.

(2) 아이템 늘리기 vs 채널 늘리기

한 개의 채널에서 상품 한 가지를 판매한다고 가정해 봅시다. 예를 들어 스마트 스토어에서 가방으로 월 매출 3,000만 원을 올리고 있다면 추가 매출을 올리기 위해 새로운 가방을 소싱하실 건가요? 아니면 매출을 낸 가방을 또다른 채널에 등록하실 건가요?

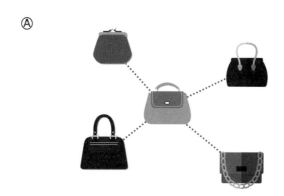

A처럼 판매하고 있는 아이템과 관련 있는 새로운 아이템을 사입한다면 이탈률을 줄이고 객단가를 올릴 수가 있습니다. 하지만 새로운 아이템의 소싱 비용, 상세페이지 기획과 디자인, 광고 키워드 발굴 등 새로운 실험을 다시 시작해야 합니다. 그렇기 때문에 B처럼 이미 판매 성과가 있고 고객에게 검증이 된 현재의 아이템과 상세페이지로 판매 채널을 늘리는 것이 효율적일 수 있습니다. 판매가 될지 안될지도 모르는 아이템을 늘려서 성공할 확률보다 이미 매출이 검증된 상품과 상세페이지로 채널을 늘리는 것이 매출액을 늘릴 확률은 더 높기 때문입니다. 일반적으로 고객의 취향이 구매에 영향을 많이 끼치는 의류나 잡화는 A형태를, 식품이나 생활용품은 B를 선택하는 경우가 많습니다.

일반적으로 많은 분들이 스마트 스토어를 먼저 시작한 다음, 소셜 커머스로 채널을 늘리거나 오픈마켓으로 채널을 늘려 나갑니다. 하지만 결국에는 최종적인 종점은 직접 운영하는 쇼핑몰이 될 것입니다. 쇼핑몰을 제외한 다른 마켓들은 완벽한 내 채널이 아니기 때문에 1~2개 채널을 성공시킨 이후에는 쇼핑몰을 직접 운영하시는 것을 추천합니다. 쇼핑몰을 가지고 있으면 다른 채널을 운영하면서 쇼핑몰로 유입 유도를 하거나, 배송 박스에 쇼핑몰 주소를 인쇄하는 등으로 여러분의 쇼핑몰을 고객들에게 노출시킬 수 있습니다.

광고

고객에게 내 상품을 노출시키는 것이 광고입니다. 광고는 비용을 지출하여 진행하는 것이 일반적이며, 대표적으로 네이버 키워드 광고가 있습니다. 대부분의 고객이 제품을 구매할 때 주로 네이버에서 검색을 하기 때문에 무조건 해야 하는 것이 네이버 광고라고 할 수 있습니다. 그중에 네이버 키워드 광고는 네이버 비즈니스 광고의 키워드 도구를 이용해서 광고를 할 수 있습니다.

인스타그램 광고는 피드를 내리며 빠르게 지나치기 쉽기 때문에 고객의 눈을 사로잡는 이미지가 필요합니다. 그래서 판매자들은 자극적이거나 눈에 띄는 이미지 또는 동영상을 넣어 광고합니다. 구글 크롤링 광고는 구글에서 웹서핑을 할 때 내가 본 상품을 띄워줌으로써 구매를 일으킬 수 있습니다. 그 외에 카카오 광고, 오픈마켓 키워드 광고 등 광고의 종류는 다양합니다.

SNS 마케팅 ~~~~~~

블로그, 인스타그램, 유튜브 인플루언서의 영향력으로 제품을 판매하는 것을 말합니다. SNS를 통한 마케팅을 이용하면 SNS를 직접 운영하면서 내 상품을 노출시킬 수 있습니다. 또는 자신이 운영하지 않는 경우에도 SNS 체험단을 통해서 노출시킬 수도 있습니다.

브랜딩이 먼저일까? 판매가 먼저일까?

가끔 대학교 패션 디자인과에서 수업을 하거나 디자이너분들 대상으로 수업을 할 때가 있습니다. 그분들은 "스마트 스토어가 판매가 잘 되는 건 알지만 제품을 직접 디자인 해서 올리기가 좀 그래요." 라고 말합니다. 제가 "왜요?" 라고 물어보면 디자이너 분들은 "시장 제품 같은 느낌이 들까봐요." 라며 브랜드에 악영향을 끼칠 것 같다고 합니다. 그러면 저는 연예인이 모델인 쇼핑몰 한군데를 보여 드립니다. 그리고 그 쇼핑몰의 아주 예전 상세페이지를 보여드리죠. 그 쇼핑몰은 예전에는 연예인 모델이 없었지만 고객이 혹할만한 상세페이지 기획을 잘해서 매출을 냈던 곳이었습니다. 그렇게 매출을 일으킨 돈으로 유명 연예인을 상세페이지에 등장시켜서 브랜딩을 한 것이죠. 이렇게 기획을 잘해서 제품을 많이 판매한 후 브랜딩을 하는 방법도 있습니다. "브랜딩이 먼저일까? 판매가 먼저일까?" 이 질문에 정해진 답은 없습니다. 두 가지 중 어떤 것을 먼저 하더라도 성공할 수 있습니다. 하지만 예산에 따라 순서는 달라집니다. 판매가 되기 전에 브랜딩을 하고 런칭을 하려면 전시나 패션쇼 참여, 모델 고용 등 많은 비용이 발생합니다. 브랜딩을 먼저 하면 안 된다는 것이 아니라 더 많은 예산이 필요하다는 것이죠. 그래서 현실에 맞춰 가는 것이 중요합니다.

대기업은 연예인 모델이 등장해서 광고를 하기 때문에 상세페이지에 제품 설명만 있어도 판매가 되는 것이 사실입니다. 예산이 있다면 브랜딩을 빠르게 할 수 있고, 예산이 없다면 브랜딩이 그만큼 오래 걸립니다. 판매가 잘 되면 돈을 벌어서 연예인 마케팅 또는 전시 등을 해서 회사의 이미지를 바꾸는 브랜딩이 가능합니다. 결국 스마트 스토어를 포함해서 어떤 채널이든 판매가 많이 되면 브랜딩은 그 이후에도 가능하다는 이야기입니다.

판매 성공의 요소

---

1 **상품 기획** : 고객 수요가 있는 판매가 되는 상품인가?

2 **가격 기획** : 판매가 되는 가격인가?

3 **상세페이지 기획** : 판매가 되는 상세페이지 기획인가?

4 **상세페이지 디자인 기획** : 기획을 뒷받침하는 디자인인가?

5 **판매 채널과 광고 기획** : 판매 채널을 분석하고, 상품을 광고를 통해 효과적으로 노출했는가?

2장

상세페이지 기획의
중요성

노출만 된다고 매출이 일어날까요? 광고 기획과 노출로 고객을 스마트 스토어로 유입시킬 수는 있지만 상품을 구매하게 할 수는 없습니다. 상품을 구매하게 만드는 것은 바로 상세페이지의 구성과 내용이며, 그 내용에 따라 고객은 구매 버튼을 누를지 말지를 결정합니다. 이렇게 노출만큼이나 중요한 상세페이지 기획의 중요성에 대해서 알아보도록 하겠습니다.

1 기획이란?

설정된 목표를 달성하기 위하여 가장 효율적으로 성취하기 위한 방안을 설계하는 것을 말하며, 계획(plan)은 만들어진 기획을 바탕으로 설계를 하는 것을 의미합니다.

2 상세페이지 기획의 중요성

회사원인 A씨는 친구 소개로 K씨와 소개팅을 했습니다. 그런데 K씨는 첫인사 후에 자기 얘기만 하기 시작합니다. "제가 S대학을 나와서 S회사를 다니는데 연봉이 1억입니다. 이미 집도 샀어요. 저희 회사는 자기계발비를 지원해주고, 한 달에 한 번씩 집에 책도 배송해 줘요. 하하 하하!"

K씨가 식사하는 2시간 동안 주식 이야기, 부동산 이야기, 본인 자랑 등을 계속하는 바람에 A씨는 너무 지루해서 그 자리에서 나오고 싶었다고 합니다. 이 소개팅의 결과는 어땠을까요? 당연히 꽝이었습니다.

스마트 스토어 판매자의 상세페이지 중에도 이렇게 자랑만 쭈욱 나열하는 상세페이지가 생각보다 많습니다. 당연히 판매자는 자신이 상품

자랑만 하고 있다고 인지하지 못하고 있습니다. 물론 신뢰를 주는 장점과 자랑을 말할 수는 있습니다. 하지만 **상세페이지에서 장점을 말하더라도 말하는 위치와 방법이 중요합니다.**

여러분이 온라인 판매를 할 때 어떤 말로 이야기를 시작할지, 고객에게 어떤 이익을 어떻게 이야기할지, 고객이 이 상품을 구매하지 않음으로 잃는 것이 무엇인지 등에 대해 면밀한 분석 하에 상세페이지를 만든 다음 100명을 만나는 것과, 아무런 준비도 없이 그저 상품에 대한 간략한 설명서만 가지고 1,000명의 고객을 만나는 것 중 어떤 것이 더 선택을 받을 수 있다고 생각하시나요? 당연히 전자인 **완벽하게 준비하고 100명을 만나는 것이 판매 성공 확률이 높아지게 되며, 이것이 구매 전환율을 높이는 방법입니다.**

일반적으로 쇼핑몰에서 평균적인 구매 전환율은 1~2%라고 합니다. 하지만 어디까지나 평균 구매 전환율입니다. 0.1%, 또는 0%일 수도 있습니다. 하지만 기획을 잘한다면? 당연히 구매 전환율이 올라가겠죠. 광고비 지출 또한 10,000명의 타겟에게 노출되는 키워드로 광고를 하는 것보다, 100명이라는 확실한 타겟에 맞는 키워드 100개로 광고를 하는 것이 광고비도 적게 들고 구매 전환율을 높이는데 더 효율적일 것입니다.

3 온라인 마케팅의
실패 원인

상품 판매가 저조하거나 실패했을 경우 온라인 마케팅의 실패 원인은 무엇이라고 생각하시나요? 온라인 마케팅의 실패 원인이 꼭 광고에만 있을까요? 물론 광고에도 있을 수 있겠지만 상품과 가격, 상세페이지의 문제일 수도 있습니다.

타겟이 없거나 타겟에게 맞지 않는 마케팅 광고 진행

만약 타겟이 없는 채널에서 광고를 하면 당연히 고객에게 노출이 되지 않겠죠. 타겟에 맞지 않는 카피 문구나 썸네일로 마케팅을 진행해도 마찬가지입니다. 이런 경우 고객이 클릭하지 않는 것은 당연합니다. 그러므로 타겟이 주로 이용하는 채널을 파악하고 광고를 진행해야 합니다 (앱, 사이트, SNS 등). 그리고 상세페이지 기획을 할 때처럼 광고에 사용하는 문구, 썸네일, 동영상 등을 기획해야 합니다.

마케팅 비용과 기간 설정을 하지 않음

월별로 마케팅 비용 설정, 광고 종류별로 마케팅 비용 설정, 마케팅 기간 설정을 해야 합니다. 새로운 상품의 경우 고객에게 인지되는 시간, 즉 친근해지는 시간이 필요합니다. 어떤 판매자 분들을 보면 광고를 3일 진행하다가 중지하고, 또 다른 광고를 5일 진행해보고 중지하고, 이렇게 광고를 짧게 진행하는 것을 볼 수 있습니다. 왜 그러는 걸까요? 당연히 광고비라는 돈이 지출되기 때문이죠.

광고비가 지출되는데 판매가 되지 않는다면 판매자들은 두려워지기 시작합니다. "이렇게 광고비만 다 쓰고 계속 안 팔리는거 아냐? 멈춰야겠다." 라고 생각하는 것이죠. 여기에서 알아야 할 것은 판매가 잘 되고 있는 상세페이지 대부분이 광고를 하자마자 매출이 바로 일어나지 않는다는 것입니다. 상품이 고객에게 인지되는 시간이 필요하기 때문입니다.

광고를 할 때 가장 이상적인 것은 다음과 같은 두 가지로 요약할 수 있는데 한정된 예산에서 광고를 해야 하기 때문에 아래의 조건을 면밀히 분석하여 광고 종류와 기간의 기준을 정해야 합니다.

- 타겟이 있는 다양한 채널에 노출
- 오랜 시간 노출

그리고 마케팅 기획서에는 이런 내용들이 있어야 합니다.

[○○○ 광고]
- 목표 유입량
- 목표 판매량
- 광고 기간

마케팅 예산이 있는 회사들은 상세페이지를 만든 다음 한 번에 여러 채널에 광고를 합니다. 여러분들도 물론 이렇게 하실 수 있습니다. 단 여러분이 만든 상세페이지에 확실한 믿음이 있을 때만 광고를 공격적으로 해야 합니다.

주객 전도 :
마케팅(상위 노출)이 목적이 되어 버림 〜〜〜〜〜

저는 많은 판매자들이 상위 노출을 위해 아무런 분석도 없이 광고를 하는 것을 보았습니다. 상위 노출을 하려는 목적은 당연히 많은 판매입니다. 그런데 과연 여러분의 상세페이지는 판매가 되는 상세페이지인가요? 광고를 하지 않으면 판매가 될지 안 될지를 미리 알 수 없을까요? 아닙니다. 충분히 경쟁사의 상세페이지와 비교 분석해보면 알 수 있는데도 불구하고 많은 사람들이 관성의 법칙처럼 습관적으로 상품 등록을 하고 바로 광고를 진행하곤 합니다.

노출이 안 되면 판매가 안 되는 것은 맞지만 노출이 된다고 해서 판매가 되는 것도 아닙니다. 따라서 무작정 광고를 하기 전에 상품, 가격, 옵션, 기획, 디자인, 후기 등등을 면밀히 살펴보고 판매가 되지 않을 것 같다면 수정한 후 광고를 진행해야 합니다.

고객이 자주 찾아오게 되면 자연스럽게 상위 노출이 이루어집니다. 그런데 제대로된 분석도 없이 무조건적으로 광고비를 지출하면서 상위 노출을 시도하는 주객 전도는 망하는 지름길이라고 할 수 있습니다.

마케팅 실패에 대한 판단 오류 ~~~~~~~~~~~~~~~

광고를 진행했는데 제품 판매가 안됐다면 그 광고는 실패한 것일까요?

A 판매자 : "네이버 광고도 해보고, 페이스북 광고도 해보고, SNS 마케팅도 했는데 제품 판매가 되지 않아! 광고가 소용이 없는 것 같아!"

    제가 아는 A판매자는 포털 사이트 등에 광고를 해보고 "광고 효과가 없다."라고 이야기를 했습니다. 이럴 때는 무조건 포기하는 것보다는 광고 보고서를 보고 판단을 해야 합니다. 키워드 광고, 인스타그램 광고 등을 했는데 고객 유입이 되지 않아서 판매가 안 되었다면 광고가 실패한 것이 맞습니다. 해당 키워드로 고객이 검색을 하지 않았거나 해당 광고가 노출된 곳에 여러분의 고객이 없던 것이죠.

    그런데 만약 상세페이지로 고객 유입이 되었는데 판매가 안 되었다면? 그렇다면 **마케팅이 실패한 것이 아니라 상세페이지에 문제가 있을 수 있다고 판단**해야 합니다. 판매 가격이 문제일 수도 있고(가격이 너무 비싸거나 싸거나), 옵션의 문제일 수도 있고(고객이 선물 포장을 원했는데 옵션에 선물 포장이 없거나), 상세페이지의 카피 문제(매력 없는 타이틀, 장점만 나열)일 수도 있습니다.

따라서 광고 진행 후 유입량이 많아졌는데도 불구하고 판매가 되지 않았다면 상세페이지에서 무엇이 문제인지 원인을 분석합니다. 그리고 상세페이지 수정 후에 같은 광고를 다시 진행해 보아야 합니다.

그리고 판매가 안 되었어도 키워드 광고로 유입이 있었다면 키워드를 잘 잡았다고 스스로 칭찬해 주시고, 인스타그램 광고로 유입이 있었다면 혹할만한 썸네일 이미지나 동영상을 잘 만들었다고 스스로를 격려해 주세요! 하지만 주의할 점이 있습니다. 유입량이 많은데 판매가 되지 않을 경우는 상세페이지 문제일 수도 있지만 타겟을 넓게 설정하여 광고를 했을 수도 있습니다. 그래서 광고를 할 때에는 타겟을 넓게 설정한 광고보다 좁게 설정한 광고가 이탈이 적습니다.

상세페이지 기획과 광고

광고비와 광고 위치는 고정값으로, 돈이 많다면 광고를 계속할 수 있습니다. 하지만 광고 문구와 상세페이지는 판매자의 능력으로 개선 가능한 요소입니다. 유동값이라는 말입니다. 만약 상세페이지에 문제가 있는데 엉뚱하게도 광고에서 원인을 찾고 있다면 해결책을 찾긴 어려울 것입니다. 고정값이 정해져 있다면 유동값에 무슨 값을 넣을지 고민하는 것이 더 합리적인 노력입니다.

고정값 = 광고(비용 영역)

유동값 = 상세페이지 기획

예를 들어 키워드 광고로 잠재 고객을 유입시킨다고 가정해 보죠. 키워드 비용은 클릭 당 500원이고, 평균적으로 10번의 클릭이 발생하면 1개의 구매가 이뤄진다고 가정해 보기로 합니다. 이때 제품의 마진은 4,000원이라고 했을 때 키워드 광고의 전체 비용은 5,000원으로 매일 1,000원씩 밑지는 장사를 하게 되는 셈입니다. 하지만 만약 상품명 기획과 상세페이지 기획을 통해 불필요한 클릭을 줄이고, 전환율 낮은 유입을 걸러낸다면 어떻게 될까요? 예를 들어 10번이 아니라 6번의 클릭에서 1개의 판매를 이뤄낸다면 적자에서 벗어나게 됩니다.

과연 고객에게 상세페이지가 노출되면 '내 상세페이지가 매력이 있는가? 즉 구매가 될 것인가?'가 중요하다는 뜻입니다. 따라서 여러분은 상세페이지에 대한 확신이 있어야 합니다. 내가 만든 상세페이지를 보았을 때 나도 구매를 할지 말지 확신이 안 드는데 고객은 구매의 확신이 들까요? 여러분이 만드는 상세페이지에는 적어도 3개 이상 판매에 확신이 드는 장치를 만들어 놓아야 합니다.

검색에서 구매까지
고객의 행동 패턴 분석

고객의 유입 경로

사이트 방문 ▶ **상품 탐색** ▶ **상품 클릭** ▶ **노출 성공**

(1) 사이트 방문

고객들은 온라인 쇼핑을 할 때 네이버 포털 사이트, 쿠팡, 11번가, 또 다른 쇼핑 앱 등 본인이 자주 이용하는 채널에서 제품을 검색합니다. 예전에는 PC를 통한 검색이 주였지만 지금은 모바일을 통한 구매가 일반적입니다. 통계청의 온라인 쇼핑 거래액 동향을 살펴보면 2021년 5

월 온라인 쇼핑 거래액은 전년 동월 대비 26.0% 증가한 16조 594억 원이며, 온라인 쇼핑 거래액 중 모바일 쇼핑은 31.6% 증가한 11조 4,346억 원을 기록했습니다. 자료를 보면 전월 대비 온라인 쇼핑 거래액은 6.2%, 모바일 쇼핑 거래액은 6.1% 각각 증가했습니다. 온라인 쇼핑 거래액 중 모바일 쇼핑 거래액 비중은 71.2%로 전년 동월(68.1%)에 비해 3.1%p 상승했습니다.

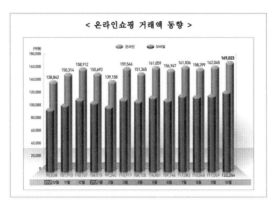

▲ 온라인 쇼핑 거래액 동향

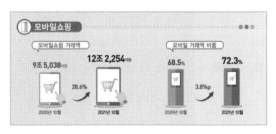

▲ 모바일 쇼핑 이용 비중

(2) 상품 탐색

고객은 상품 검색 후 노출된 여러 상품들을 비교 분석하며 탐색합니다. 따라서 상품이 노출되는 순서와 첫인상인 대표이미지가 중요합니다.

(3) 상품 클릭

고객은 상품을 클릭하고 랜딩페이지에 도달합니다.

그런데 이렇게 노출만 되면 팔릴까요? 앞에서도 말했듯이 그렇지 않습니다. 우리는 유입과 판매를 동일시 하지 말아야 합니다. 답은 분명 'NO'인데 왜 신규 판매자는 온라인 판매를 상품 촬영 ➡ 상세페이지 디자인 ➡ 상품 등록 ➡ 광고의 순서대로 진행할까요? 창업 교육 프로그램에서도 그렇게 가르치는 경우가 많고, 주변을 보면 다른 판매자 분들도 거의 이렇게 진행하는 것을 볼 수 있습니다.

노출의 목적은 판매에 있는데 가장 중요한 상세페이지 기획은 빠져 있습니다. 오로지 '상품 노출이 나의 판매의 끝이다' 라고 생각하는 함정에 빠지게 되어서 마케팅(상위 노출)이 주요 목적이 되어 버립니다. 앞서 말한 주객 전도 현상인거죠. 이러한 오류를 바로 잡고 실제 판매가 이루어지도록 만들기 위해서는 고객의 구매까지 이르는 구매 경로를 살펴볼 필요가 있습니다.

  상품을 첫 페이지에 노출하기 위한 최종 목적은 첫 페이지에 뜨는 자체가 아니라 구매 전환, 즉 판매입니다. 따라서 판매가 되기 위해서는 상세페이지에 매력이 있어야 합니다. 고객은 다른 회사의 상세페이지끼리 비교를 합니다. 여러분만 상품을 판매하고 있는 게 아니라 경쟁자도 판매하고 있기 때문에 매력 있는 기획을 해야 합니다. 고객이 첫 번째 상세페이지에서 상품을 사는 경우는 재구매일 때를 제외하고는 없습니다. 그렇기 때문에 고객은 다른 상품과 비교를 하기 위해 당신의 상세페이지에서 이탈을 합니다. 결론적으로 이탈했던 고객이 내 상세페이지로 다시 돌아오게 만들고, 제품을 구매하게 할 수 있는 상세페이지 전략이 필요합니다.

(1) 후기 확인

상세 페이지에서 고객이 비교를 하는 부분은 여러 가지가 있는데 가격, 옵션 그 다음이 바로 상품 후기입니다. 상품 후기는 고객에게 큰 영향을 주는 전환 요소이기 때문에 상세페이지 상단에 노출됩니다. 그럼 고객은 어떤 후기를 볼까요?

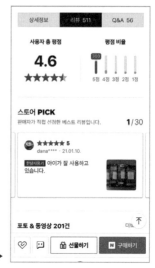

스마트 스토어 후기 탭 – 모바일 ▶

- 일반 후기
- 동영상 후기
- 포토 후기
- 베스트 후기와 5점 후기
- 1점 후기

고객들은 이중에서도 포토 후기와 1점 후기를 확인하는 경우가 많습니다. 일반 후기는 글로만 되어 있기 때문에 기억에 잘 남지 않고, 동영상 후기는 로딩 때문에 잘 클릭하려고 하지 않죠. 포토 후기가 가장 효과적이기 때문에 많은 판매자들이 포토 후기 이벤트를 진행하곤 합니다. 또한 고객이 1점 후기를 보는 이유는 불안하기 때문에 이 제품의 문제가 무엇인지 확인하려고 하기 때문입니다. 그래서 스마트 스토어뿐만 아니라 온라인 쇼핑몰, 마트, 식당, 배달앱에서도 좋은 후기를 받으려고 노력하고, 1점 후기를 받지 않기 위해 노력합니다.

(2) 상세페이지 확인

고객은 후기를 본 후 상세페이지를 봅니다. 상세페이지를 처음부터 끝까지 정독할까요? 아니죠. 매우 빠르게 마우스 스크롤바를 내리면서 봅니다. 대부분의 고객은 상세페이지 상단에서 조금의 집중력을 발휘해서 볼 수 있지만 상세페이지 중간부터는 거의 눈에 띄는 부분만 확인을 하고, 상세페이지를 끝까지 보지 않고 이탈하는 고객들도 많이 있습니다.

(3) 찜하기 또는 하지 않기

스마트 스토어에는 상품의 찜 버튼이 있습니다. 장바구니가 결제 직전이라면 찜은 아직까지는 비교 단계입니다. 내 상품의 찜 버튼을 누른 고객은 누르지 않은 사람보다 상세페이지로 돌아올 확률이 더 높습니다.

(4) 이탈 또는 주문

상세페이지에서 이탈 후 고객은 똑같이 또 다른 곳에서 [상품 탐색]-[상품 클릭]-[후기 확인]-[랜딩페이지 확인]-[찜하기 또는 하지 않기]–[이탈]의 행동을 반복하다 구매를 합니다. 구매 후 만족하면 재구매를 하기도 하며, 다른 판매 상품을 찾기 위해 다시 구매 경로를 반복하게 됩니다.

상세페이지 기획과 디자인의 중요성 ～～～～～

다수의 판매자들은 상품 소싱을 할 때 제대로 된 상세페이지 기획서를 작성하지 않습니다. 단지 상품에 대한 사진을 찍은 다음 상세페이지 디자인에만 많은 시간과 비용을 투자합니다. 그런데 많은 비용을 투자하는 상세페이지 디자인이라서 그럴까요? 돈을 지불했으니 아예 디자이너에게 상세페이지 기획까지 맡겨 버립니다. 여기에서 반드시 알아야 할 것은 기획을 잘 하는 디자이너가 있을 수도 있지만 대다수의 디자이너는 디자인만 하는 사람입니다. 즉, 기획 능력이 없는 사람이라는 뜻입니다.

대기업에서는 처음부터 디자이너가 하는 것이 아닌 기획자가 작성한 기획서 및 스토리보드를 보고 디자이너가 디자인을 합니다. 그렇지만 체계가 잡히지 않은 1인 기업에서의 기획은 상품을 잘 알고 있는 판매자가 직접 하거나 전문 기획자에게 의뢰해야 합니다. 그런 다음 만들어진 상품 기획서를 디자이너에게 주면서 상세페이지 디자인을 요청해야 합니다. 그렇게 하지 않으면 여러분은 기획을 해본 적 없는 디자이너가 만든 상세페이지로 상품을 등록하고 광고를 하게 됩니다. 그러면 광고비만 지출하고 매출은 나지 않는 악순환에 빠질 확률이 매우 높게 됩니다.

몇 번을 말해도 부족하지 않을 만큼 다시 강조하자면 **상세페이지 기획은 판매를 위한 뼈대입니다.** 상세페이지를 만들 때 디자인을 제대로 하지 않았더라도 기획만 제대로 되어 있다면 고객의 60% 정도가 구매를 하게 되지만, 기획이 없고 디자인만 예쁜 상세페이지는 광고를 해도 판매가 되지 않습니다. "여러분은 상세페이지 디자인이 예쁘다고 제품을 구매하시나요? 그렇지 않죠?" 고객도 마찬가지입니다.

디자인은 뼈대에 살을 붙이는 과정으로 포장의 역할을 합니다. 그래서 기획을 더 효과적으로 돋보이게 해주는 역할을 합니다. 디자인을 심미적 디자인과 실용적 디자인으로 나눈다면 상세페이지는 실용적 디자인이 중요합니다. 아무 의미 없이 예쁜 이미지만 가득한 상세페이지가 아니라 글을 시각적으로 잘 표현해야 한다고 생각합니다. 상세페이지 기획과 상세페이지 디자인이 조화를 이루어야 판매가 증가하고 여러분이 1등 판매자가 될 수 있는 것입니다.

비슷한 제품을 팔아도
기획을 잘하면 매출 상승!

– 스마트 스토어 운영자 '실리블' 후기

이 세상에 나 혼자만 판매하는 제품은 많지 않습니다. 그만큼 경쟁자도 많고 비슷한 상품들도 많은 상태에서 내가 더 판매를 잘하려면 기획이 중요하다는 이야기 이제 모두 알고 계시죠?

앞에 나온 매출 자료의 주인공인 실리블 대표님이 남겨주신 카톡 후기입니다.

상세페이지 기획을 안하고 상세페이지를 업로드했다면?

오늘부터 벤치마킹하시고 기획서를 쓰기 시작해 보세요!

3장

잘 팔리는 상세페이지
기획 방법

잘 팔리는 상세페이지를 만들기 위해서 벤치마킹, 상세페이지 레이아웃, 상세페이지 기획서 작성, 사진 촬영부터 상세페이지 디자인까지 순서가 있고, 각 순서마다 해야 할 일들이 있습니다. 3장부터 8장에서는 각 순서에 맞게 잘 팔리는 상세페이지 제작을 하는 방법을 알아보도록 하겠습니다.

1 상세페이지 제작 순서

상세페이지를 제작하는 순서는 아래와 같습니다.

❶ 벤치마킹

❷ 상품명에 들어가는 키워드 분석 및 광고 키워드 알아보기

❸ 기획서 작성하기　　　❹ 사진 촬영하기

❺ 이미지 자료 찾기　　　❻ 상세페이지 디자인 제작

 1. 벤치마킹

 2. 상품명 키워드

 3. 기획서 작성

 4. 사진 촬영

 5. 이미지 자료 찾기

 6. 상세페이지 제작

▲ 상세페이지 제작 순서

철저한 벤치마킹으로
1등 상세페이지 만들기

나의 카테고리는 무엇인가?

내가 판매하는 제품의 카테고리를 우선 알아봅니다. 카테고리를 찾는
방법은 비슷한 상품을 검색하여 이미 경쟁사가 올려놓은 제품의 카테고
리를 보고 선택하면 쉽습니다.

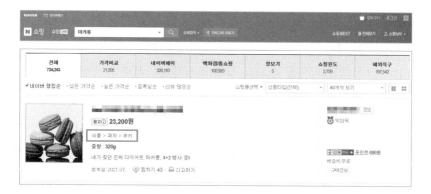

어떤 판매자를 벤치마킹 할 것인가?

탁월한 웹 기획자들도 기획서를 작성하기 전에 먼저 관련된 다양한 쇼핑몰을 분석한 다음, 기획서를 만듭니다. 이렇게 경쟁사를 분석하고 참고하는 것을 벤치마킹이라고 합니다. 제가 강의할 때 판매자분들께 벤치마킹을 하라고 말씀드리면 대부분 자신과 같은 상품을 판매하는 1 등 판매자의 상세페이지만 찾아봅니다. 그래서 결국 '1등을 베껴라'와 같은 말만 참고하여 그대로 베끼는 일이 발생합니다.

경쟁사와 똑같은 상세페이지를 만들면 아무것도 참고하지 않고 상세페이지를 만드는 것보다 판매가 되기는 합니다. 하지만 1등을 이길만한 아이디어는 떠오르지 않습니다. 그리고 키워드 광고를 진행했을 때 1등과 같이 노출이 되면 해당 쇼핑몰은 여러분들이 자신의 상세페이지를 베꼈다는 것을 알 것입니다. 실제로 이런 이유 때문에 신고 싸움으로 번지는 경우도 많습니다.

기획력을 쌓으려면 자신과 같은 상품을 판매하는 판매자의 상세페이지뿐만 아니라 다른 잘 팔리는 상품의 상세페이지도 분석해 봐야 합니다. 제품 하나로 매출을 올려 건물을 세운 곳의 상세페이지를 연구한 적이 있으신가요? 제품 하나로 성공해서 지금은 연예인 모델이 광고하는 상품을 알고 계신가요? 성공한 상세페이지는 비슷한 구조를 가지고 있습니다. 그리고 후킹 문구들도 평범하지 않습니다.

앞서 말한 대로 나와 같은 상품을 판매하는 판매자의 상세페이지만 벤치마킹한다면 1위 경쟁자의 상세페이지 만큼은 만들 수 있지만 그들을 이기는 상세페이지를 만들기는 어렵습니다. 그래서 내가 판매하고 있는 제품과 다른 제품일지라도 잘 팔리는 상세페이지를 발견하면 상세페이지 기획을 벤치마킹 하고, 매출을 일으킨 기획 포인트를 찾아야 합니다. 그리고 내 상세페이지에 적용하는 것이 중요합니다.

이때 대기업의 상세페이지를 벤치마킹 하는 것은 지양하는 것이 좋습니다. 대기업은 브랜드의 힘이 있기 때문에 중소기업의 판매 제품과 기획 방법이 근본부터 다릅니다. 그리고 유명 모델을 써서 구매 전환을 노리기도 하지요. 그래서 우리와 상황이 비슷한 판매자의 상세페이지를 벤치마킹 하는 것을 지향합니다.

[동일 상품 / 유사 상품 / 비동일 상품]

① 동일 상품 상세페이지 벤치마킹

동일 상품 상세페이지 벤치마킹은 나와 동일한 상품을 판매하는 1등을 포함한 상위 판매자들의 상세페이지를 보고, 이 상세페이지에서 구매가 일어난 이유를 비교, 분석합니다. 그리고 1등이 2등보다 판매량이 더 많은 이유도 분석해 보면 좋습니다. 그래서 가장 큰 기획 포인트를 찾아내야 합니다.

② 유사 상품 상세페이지 벤치마킹

나와 비슷한 상품을 판매하는 상위 판매자의 상세페이지를 보고 비교, 분석합니다. 대분류, 중분류, 소분류가 있다면 중분류에 있는 상품들을 보시면 비슷한 유사상품을 찾아볼 수 있습니다.

경기도 일산에 사는 '지은씨'는 유기농 토마토 케찹을 판매합니다. 같은 상품을 판매하는 경쟁자들의 상세페이지를 보니 그다지 특별한 것이 없어 보이고 막막합니다. 만약 이럴 때 유기농 유자차의 상세페이지를 보면 어떨까요? 꼭 토마토 케찹이 아니더라도 다른 유기농 식품을 판매하고 있는 상세페이지를 보면 고객에게 통하는 비슷한 문구들을 쓰고 있고, 유기농 제품을 선호하는 타겟이 비슷하기 때문에 판매를 일으키는 아이디어와 후킹 문구를 얻을 수 있습니다. 또 하나의 장점은 동일 상품의 상세페이지를 따라 만들면 그 경쟁자와 같이 노출되어서 경쟁자가 자신의 것을 보고 했다는 것을 알지만 유사 상품은 판매가 되는 요소들을 따라 해도 같이 노출될 일이 없습니다.

③ 비동일 상품 상세페이지 벤치마킹

비동일 상품 벤치마킹은 내 상품과 전혀 연관성이 없는 상품의 상세페이지를 분석하고 참고합니다. **사과를 판매하는데 청소기 상세페이지를 벤치마킹 하거나, 도마를 판매하는데 화장품 상세페이지를 벤치마킹 해보면 어떨까요?** 예전에 제가 수강생 모집에 대한 상세페이지를 만들 때 화장품 상세페이지를 벤치마킹 했던 적이 있습니다. 그 당시 화장품 상세페이지는 기획 요소들이 잘 배치되어 있었고 매출이 일어나는 타이틀을 사용하고 있었습니다. 그 당시라고 한 이유는 최근에는 자극적인 문구나 과대 광고로 인식되는 문구는 경고를 받을 수 있지만 그 당시에는 약간의 자극적인 문구 사용이 가능했기 때문입니다. 지금은 화장품 상세페이지가 많이 순화되었죠.

이렇게 비동일 상품에서 잘 팔리는 상세페이지의 타이틀과 요소들을 참고해서 상세페이지를 만들어 수익을 냈었던 적이 있습니다. **판매가 잘 되는 상세페이지의 기획에는 상품에 상관없이 공통적으로 판매가 되는 기획 방법이 들어 있습니다.** 그래서 동일 상품뿐만 아니라 여러 가지 판매가 잘 되는 상세페이지를 보고 구매 전환을 일으키는 공통 요소를 파악하는 것이 좋습니다. 또하나 중요한 것은 비동일 상품을 벤치마킹 해서 매출을 낼 수 있다면 이제 어떤 상세페이지를 보아도 내 것으로 만들 수도 있다는 것을 뜻합니다.

이렇게 상품에 관계없이 모든 판매가 잘되는 상품의 상세페이지를 보고 분석해 보는 것이 기획력을 늘려 판매가 잘 되는 씨앗이 될 수 있습니다. 또한 스마트 스토어뿐만 아니라 쇼핑몰 상세페이지도 참고하면 좋습니다.

벤치마킹 상세페이지 찾기

(1) 네이버 쇼핑의 스마트 스토어 베스트 100
스마트 스토어에서 판매가 잘되는 인기 상품을 볼 수 있습니다.

(2) 네이버 트렌드 쇼핑 광고
아이템을 찾거나 상세페이지 기획과 디자인을 벤치마킹할 때 추천 드리는 곳이 있습니다. 네이버 검색 포털에서 우측에 보이는 '트렌드 쇼핑' 상품 광고 영역입니다. 저는 가끔 시간이 나면 이곳에 들어가서 상세페이지를 볼 때가 있습니다. 업체에서 트렌드 쇼핑에 광고비를 지출하고 있다는 것은 상세페이지 기획에 자신감이 있다는 것입니다. 실제로 상품 썸네일을 클릭하면 기획이 좋은 상세페이지들이 자주 보이고, 최신 상세페이지 트렌드를 볼 수 있습니다.

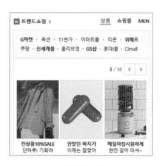

▲ 네이버 트렌드

상품 트렌드와 계절 트렌드를 알 수 있고, 잘 만들어진 상세페이지들을 구경하는 재미도 쏠쏠합니다. 여러분들도 잘 만든 상세페이지 기획을 보고 싶다면 네이버 트렌드 쇼핑 광고에 있는 상품 상세페이지를 추천 드립니다. 저도 가끔 둘러보다가 상세페이지의 유혹에 넘어가서 계획에 없던 제품을 구매해버리는 경우도 생깁니다. 여러분들도 판매자의 강력한 타이틀과 후킹 문구를 조심하세요.

무엇을 벤치마킹 할 것인가?

① 상품명

상품명을 결정할 때에는 경쟁사의 관련된 상품명을 조사하고 상품명 키워드의 월간 조회수와 경쟁률을 분석해야 합니다. 여기에서 유의

할 점은 보편적인 상품인 경우 1등 경쟁사의 상품명과 동일하게 결정할 때가 있는데, 이런 경우 검색 시 1등과 항상 같이 노출이 됩니다. 그렇지만 여러분의 스마트 스토어 판매 지수는 1등 판매자보다 낮기 때문에 키워드 광고를 집행하지 않는 이상 상품이 항상 1등 아래에 노출이 됩니다. 따라서 가능하면 상품명은 1등의 제목을 그대로 따라 하기보다 나만의 작성 방법을 갖는 것이 좋습니다. 상품명을 작성하는 방법은 책의 뒷부분에서 좀 더 자세하게 알아보겠습니다.

② 대표 이미지와 추가 이미지

대표 이미지는 상품을 검색했을 때 상품 목록에 나오는 이미지입니다. 눈에 띄는 대표 이미지란 어떤 것일까요? 상품이 잘 나온 이미지일까요? 클로즈업된 이미지일까요? 아니면 배경까지 분위기 있게 나온 이미지일까요? 눈에 띄는 대표 이미지란 상대적입니다. 대표 이미지는 검색시 다른 상품들의 대표 이미지와 같이 노출되기 때문에 광고를 했을 때 눈에 띄어야 합니다. 그래야 똑같은 광고비를 지출하더라도 더 많은 클릭을 유도하죠.

그렇기 때문에 **대표 이미지에 사용할 사진을 촬영하기 전에 꼭 키워드 광고를 진행할 키워드를 먼저 검색하는 것을 권합니다.** 왜냐하면 여러분이 키워드 광고를 진행하려는 상품으로 고객이 검색했을 때 고객의 모니터에는 1, 2, 3, 4등 판매자의 상품들이 차례대로 노출될 것입니다.

그러면 1, 2, 3, 4등의 대표 이미지를 분석해서 그것보다 더 눈에 띄는 대표 이미지를 만드는 것이 좋습니다. 그렇지만 많은 사람들이 이러한 분석 없이 무조건 상품 촬영을 한 다음. 그중에 잘 나온 사진을 대표 이미지로 결정하곤 합니다. 그런 상태에서 광고를 하면 다른 판매자의 대표 이미지와 차별점이 없어서 눈에 띄지 않거나 광고 효과가 반감될 가능성이 많습니다.

몇 가지 예를 들어 보기로 합니다. 몇 년 전 네이버에서 '홍게', '사과', '한라봉'을 키워드로 하여 검색을 했던 적이 있습니다. 먼저 아래 화면은 '홍게'로 검색했을 때 나왔던 화면입니다. 이중에서 광고비를 지출하여 선두에 나타난 것을 제외하면 순수하게 1등 판매자가 누구인지 쉽게 알 수 있습니다. 살펴보면 1등은 판매자의 얼굴이 노출되고 노랑 고무장갑을 낀 상태에서 게를 들고 있는 사진이 대표 이미지로 등록되어 있고 2, 3, 4등은 여러 마리의 게 사진이 대표 이미지로 등록된 상태입니다.

- 1등 : 얼굴 노출, 노랑 고무장갑, 게를 들고 있는 사진
- 2, 3, 4등 : 여러 마리의 게 사진

그런데 몇 년이 지난 현재 검색해보니 1등은 그대로이지만 2등뿐만
아니라 3, 4등도 사람이 게를 들고 있는 모습으로 바뀌었습니다.

이번에는 네이버 쇼핑에서 '사과'를 검색했을 때 나온 화면입니다. 1등은 바구니에 빨간 사과들이 담겨있는 대표 이미지를 사용하고 있고, 3등은 손에 사과를 들고 있는 대표 이미지를 사용하고 있습니다. 광고를 하고 있는 판매자는 손에 사과를 올려놓은 대표 이미지를 사용하고 있습니다. 광고를 진행하고 있는 판매자는 1등이 아닌 3등 판매자를 참고해서 대표 이미지를 만든 것으로 보입니다. 이렇게 벤치마킹은 무조건 1등을 따라하는 것이 아니고 분석을 거쳐 결정하는 것입니다. 즉, 다각도로 분석을 한 다음, 어떻게 해야 원하는 목표를 이룰 수 있는지 효과적으로 기획할 수 있습니다.

이번에는 네이버 쇼핑에서 '한라봉'을 검색했던 화면입니다.

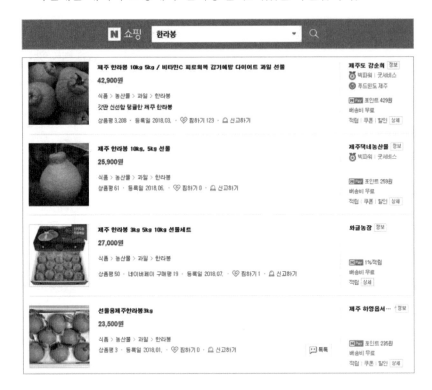

현재는 한라봉 상품에 광고를 진행하고 있는 판매자는 있지만, 예전에는 광고를 진행하는 판매자가 없어 그대로 순수 판매 순위만 나타나고 있습니다. 살펴보면 1, 2, 3, 4등 판매자 모두 큰 차이점이 없는 대표이미지를 사용하고 있습니다. 이러한 상황은 초기 진입하는 판매자에게는 기회입니다. 광고를 했을 때 대표 이미지로 고객을 사로잡을 수 있으므로 클릭율이 올라가기 때문입니다.

최근에는 광고를 진행하는 판매자들도 생기고 제가 강의하면서 설명했던 대로 눈에 띄는 대표 이미지를 사용하고 있는 판매자 분들도 있습니다. 만약 한라봉을 판매하는 판매자가 유사 상품인 사과를 벤치마킹했다면? 사과 판매자들처럼 한라봉의 단면을 촬영해서 대표 이미지로 하거나 손에 한라봉을 올린 사진으로 대표 이미지를 등록했을 것입니다. 만약 비동일 상품인 홍게를 벤치마킹 했다면 한라봉 바구니를 두 팔에 안고 한라봉 밭에서 활짝 웃고 있는 사진을 대표 이미지로 등록했을 수도 있습니다.

이렇게 새로운 아이디어는 본인의 상품에서 벗어나 유사 상품, 비동일 상품의 벤치마킹에서도 얻을 수 있습니다.

알아두면 좋아요 | 스마트 스토어 대표 이미지 동영상 넣기

스마트 스토어 판매자 센터에서 [상품이미지 ➜ 대표이미지] 부분에 동영상을 넣으면 다음 영역에 동영상이 노출됩니다.

❶ 상품 상세(대표 이미지 영역)
❷ 상품 상세(상세 정보 상단)
❸ 윈도 리스팅

추가로 동영상을 등록하면 네이버 동영상 검색 노출 대상에 포함됩니다. 동영상 검색에 잘 노출되려면 상품과 연관된 아래 두 가지 항목을 잘 입력해주어야 합니다.

❶ 상품 등록 > 검색 설정 > 태그
❷ 상품 등록 > 상품이미지 > 동영상 > 동영상 타이틀

③ 가격(할인), 옵션 구성, 옵션 가격

우선 내가 판매하려는 상품의 시장 가격이 어떻게 형성되어 있는지 조사합니다. 그리고 판매 가격을 정하고 마진율이 얼마나 되는지 파악합니다. 처음부터 마진율을 경쟁사보다 많이 보기는 어렵습니다. 특히 경쟁사가 자체 제작을 하고 있다면 말이죠. 판매하는 상품이 독점 상품이라면 시장가보다 판매가를 더 높게 책정해서 판매할 수도 있습니다.

여기서 유의해야할 것은 공급가가 경쟁 업체보다 저렴하더라도 경쟁사보다 저렴하게 판매하는 것은 좋지 않습니다. 경쟁사와 가격을 같게 하거나 조금 더 높게 책정해서 마진을 더 많이 남기는 방법이 창업에는 유리합니다. 그 이유는 고객이 상품을 구입할 때 무조건 싸다고 사지만은 않기 때문입니다.

저렴하게 판매하게 되면 판매가 되더라도 장기적으로 보면 힘이 들 수 있습니다. 예전에 한 수강생분이 참치를 판매하고 계셨는데 공급가가 저렴해서 상품 가격을 경쟁사보다 저렴하게 해서 판매를 했습니다. 판매는 잘 되었고 상세페이지 후기도 많이 쌓였습니다. 그런데 마진이 적게 남으니 포장과 배송 등이 많은 것에 비해 고생을 하는 보람이 없는 것입니다. 가격을 판매 중간에 인상하는 것도 쉽지 않아서 결국 그 상품을 대체할 상품을 다시 알아봐야 했습니다.

상품 가격을 벤치마킹 했다면 경쟁사의 옵션 구성을 조사해서 나와 같은 타겟에 대한 옵션인지 파악해야 합니다. 그리고 옵션 가격을 분석합니다. 옵션이 중요한 이유는 옵션 때문에 이탈이 발생하기도 하기 때문입니다. 예를 들어 경쟁사의 상세페이지에는 선물 포장이라는 옵션이 있고 나는 없다면 고객은 선물 포장이라는 옵션 하나 때문에 경쟁사를 선택할 수도 있습니다.

④ 상세페이지 레이아웃(구조) 파악하기

잘 팔리는 상세페이지에는 잘 팔리는 레이아웃이 있습니다. 이 판매자는 '왜 이 요소를 상세페이지 맨 위에 넣었지?', '왜 이 요소를 위, 아래 두 번이나 넣었지?', '왜 A 판매자는 동영상을 넣었고, B 판매자는 움짤을 넣었지?' 등을 비교하면서 정확한 이유를 파악한 후에 내 상세페이지에 적용하도록 해야 합니다. 하지만 기획을 처음 하는 분들은 상세페이지를 벤치마킹하다가 비교 분석이 잘못될 수도 있고, 기획 포인트를 놓치기도 합니다.

얼마 전 TV에서 '골목 식당'이라는 프로그램을 보는데 한 업체의 사장님이 경쟁 업체의 닭 한마리를 먹어보고 따라 만들어 판매하고 있었습니다. 그런데 닭 한마리가 이미 잘라져 나온 것을 보고 백종원이 말합니다. 닭 한마리는 통으로 나오는 것이 특징인데 왜 잘라서 나오냐고 했죠. 사장님은 대답을 하지 못했습니다. 벤치마킹을 했지만 자기 취향으로 바꿔서 판매한 것이죠. 자신의 취향이 들어간 것이 나쁘다는 것이 아니라 이유가 없다는 것이 문제입니다. 통으로 나오는 닭 한마리는 고객 앞에서 바로 잘라주는 것이 훨씬 먹음직스럽고, 닭 한마리가 다 있다는 신뢰도 주는데 그런 기획 요소를 파악하지 못하고 빼버린 거죠.

이 상황처럼 온라인에서도 경쟁사의 기획이 왜 그렇게 되어 있는지 원인과 결과를 분석하지 않고 나의 취향과 생각대로 기획의 한 부분을 빼버리면 매출이 나지 않을 수 있습니다. 그래서 벤치마킹을 할 때에는 분석 없이 개인적인 판단으로 기획 요소를 빼면 안 됩니다. '난 상세페이지가 길어지는 거 별론데…' 라는 지극히 개인적인 판단으로 기획 요소를 다 빼고 싶은 분들은 '과연 내 타겟도 그렇게 생각할까?' 라고 생각해 보아야 합니다.

상세페이지 기획의 순서를 바꾸는 것도 신중해야 합니다. **고객은 상세페이지 상단에서는 비교적 오랜 시간 머무르지만 중간 이후부터는 오래 머무르지 않습니다.** 스크롤바를 순식간에 내려버리죠. 그리고 상세페이지 하단 부분은 고객이 보지 않을 확률이 높습니다. 상세페이지 중간까지만 보고 이탈할 수 있기 때문입니다. 그래서 상세페이지 요소를 배치하는 순서도 중요합니다.

타사 상세페이지 레이아웃 분석

- ○ 쿠폰(톡톡친구/스토어찜) 할인 쿠폰
- ○ 타이틀 : 시중에 있는 ○○과는 다릅니다.
- ○ 동영상 : 수확 과정과 공장
- ○ 제품 소개
- ○ 보관 방법
- ○ 배송 안내(포장)
- ○ 유통지/공장/만드는 곳
- ○ 인증서
- ○ 확신 영역
- ○ 제품 정보
- ○ 제품 소개
- ○ 보관 방법
- ○ 배송 안내
- ○ 구매 전 안내/교환 반품/주의사항

이렇게 상세페이지 요소와 레이아웃을 간단하게 파악하는데 10~15
분 정도 소요됩니다. 이때 내 생각은 배제하고 경쟁사가 상세페이지를
어떻게 구성을 했는지 분석해야 합니다. 동일 상품, 유사 상품, 비동일
상품 등 판매를 잘하는 판매자의 상세페이지 레이아웃을 5개 정도만 분
석해 봐도 구성 요소들과 레이아웃이 비슷하다는 것을 알 수 있습니다.

다른 판매자들의 레이아웃을 분석했다면 이제 내 상세페이지 레이아
웃을 만들어야겠죠? 다른 판매자들의 상세페이지를 살펴보면 레이아웃

이 100% 같지는 않을 것입니다. 기획을 해보지 않은 분들은 요소를 하나부터 열까지 내 마음대로 구성하기보다는 잘 팔리는 상세페이지 레이아웃 중에 내 상품에 적용했을 때 가장 잘 팔릴 것 같은 레이아웃을 큰 뼈대로 잡으시는 것이 좋습니다. 왜냐하면 위에서 말씀드렸듯이 함부로 구성 요소를 빼거나 순서를 바꾸면 기획 포인트를 놓칠 수도 있기 때문입니다.

그리고 동일 상품 경쟁자와 똑같이 하기보다 유사 상품을 보고 뼈대를 잡은 후, 다른 상세페이지들에서 추가해야 할 요소가 있다면 추가합니다. 만약 도저히 유사 상품이나 비동일 상품에서 구조를 잡기 힘들다면 동일 상품 경쟁자의 상세페이지 레이아웃을 파악하고 경쟁자를 이길 수 있는 요소를 추가해야 승산이 있습니다. 1등과 똑같이 하면은 중간은 가지만 1등을 이기기는 어렵습니다. 판매가 잘 되는 상세페이지의 레이아웃을 다양하게 분석해보고 나만의 상세페이지 레이아웃을 만들어 봅니다.

⑤ 상세페이지 글과 이미지 벤치마킹

상세페이지 레이아웃을 결정했다면 이제 상세페이지에 들어갈 시안 이미지를 찾고 글을 작성해야 합니다. 이것을 상세페이지 기획서, 상품 기획서, 상세페이지 원고라고도 합니다. 상품 기획서는 워드 또는 한글 프로그램을 사용해서 작성합니다. 우선 작성한 상세페이지 레이아웃에 들어갈 이미지와 글을 벤치마킹 합니다.

예를 들어, 상세페이지 레이아웃을 구성하는 요소에는 이벤트가 있는데 판매자들마다 같은 이벤트를 진행하고 있어도 글과 어조가 다릅니다. 벤치마킹을 하면서 어떤 이벤트를 진행하면 좋을지 기획하고 글과 이미지를 참고합니다. 이미지는 어떤 종류의 이벤트를 진행해야겠다는 기획에 필요한 이미지일 수도 있고 디자인만 참고할 이미지일 수도 있습니다. 여러분에게 필요한 부분을 캡처해 놓습니다. 제품 사진 및 움짤, 영상도 참고할 부분이 있다면 자료를 수집해 둡니다.

그리고 상세페이지에 들어갈 글을 벤치마킹 합니다. 다른 판매자들은 타이틀, 제품의 장점을 어떻게 표현하고 있는지 분석합니다. 특히 **타이틀은 정말 매출에 영향을 크게 미치기 때문에 상세페이지를 볼 때마다 항상 유심히 보고 괜찮은 타이틀은 메모해 둡니다.**

⑥ Q/A

경쟁사의 상세페이지 Q/A를 보면서 고객들이 많이 하는 질문을 알아봅니다. 그러면 고객들이 경쟁사에 갖고 있는 궁금점과 문제점 등을 알 수 있습니다. 이러한 궁금증 등을 분석하여 자주 묻는 질문을 만들어 내 상세페이지에 미리 적용할 수 있습니다.

3

상위 노출을 위한
상품명 작성법

상품명을 결정하기 위해서는 고객이 자주 검색하는 키워드를 알아야 합니다. 고객들은 대부분 포털 사이트에서 키워드로 상품을 검색하기 때문이죠. 대표적인 키워드 검색 도구는 네이버 키워드 도구입니다. PC, 모바일 월간 조회수를 검색할 수 있고 인기 키워드, 유사 키워드 등을 찾아보고 엑셀 파일로 다운로드 받을 수 있다는 장점이 있습니다. 네이버 키워드 광고를 진행하는 곳이기도 합니다.

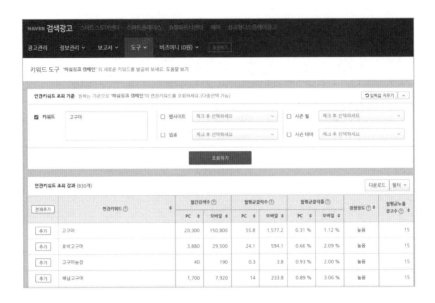

또한 블랙 키위라는 사이트와 키워드 매니저라는 어플로 키워드를 검색할 수도 있습니다.

그렇다면 우리는 이러한 월간 키워드 조회수를 어떻게 이용해야 할까요? 월간 조회수가 높으면 무조건 좋은 것일까요? 판매를 위한 상품명 키워드를 더 자세히 알아보도록 하겠습니다.

레드 키워드와 블루 키워드 〰〰〰〰〰〰〰〰〰〰

네이버 키워드 도구에서 '고구마' 라고 검색하면 월간 조회수가 약 20 만회가 나옵니다. 그렇다면 이 키워드를 상품명에 사용하면 좋을까요? 월간 조회수가 20만회면 어느정도 인기있는 타겟이 넓은 키워드이기 때문에 광고비도 비싼 키워드일 확률이 높습니다. 그런데 우리는 상품을 노출하고 싶은 모든 키워드로 광고할 수가 없습니다. 왜냐하면 광고비 예산이 있기 때문입니다. 그래서 수많은 인기 키워드 중에 어떤 키워드로 광고를 진행할지 결정하고 또한 **타겟에 맞는 키워드, 즉 블루 키워드를 찾는 것이 중요합니다.**

무조건 광고만으로 승부를 보는 것이 아닌 적절한 광고비를 지출하면서 상품 노출이 잘 될 수 있으려면 경쟁률이 낮은 블루 키워드를 적극적으로 사용해야 합니다. 그래서 상품명은 '레드 키워드1+블루 키워드1' 비율로 구성하는 것이 좋습니다. 그렇지만 내가 직접 제조한 상품이 아닌 누구나 다 판매하는 똑같은 상품을 판매하고 있을 경우는 조금 다릅니다.

예를 들어 온채널에서 경쟁사와 동일한 상품과 상세페이지를 가져와서 판매하고 있는 경우 타겟을 더 좁힌 키워드와 블루 키워드로 노출하면 판매확률이 올라갑니다. 이럴 경우 '레드 키워드1+블루 키워드2' 비율로 구성하는 것이 좋습니다. 비율은 상품마다 다르므로 여러분 상품에 맞는 비율을 찾아야 하며, 여기서 중요한 것은 블루 키워드를 찾는 것입니다.

> • 레드 키워드 : 고객의 수요(월간 조회수)와 경쟁 판매자(전체 상품수)가 많은 키워드
> • 블루 키워드 : 고객의 수요는 있으나 경쟁 판매자가 적은 키워드, 수요는 있고 경쟁률이 낮은 키워드
> • 경쟁률 계산법 : 전체 상품수 ÷ 키워드 조회수

네이버 쇼핑에서 상품명에 넣고 싶은 키워드를 검색해 보면 전체 상품수가 나옵니다. 전체 상품수란 간단히 말해 여러분이 검색한 키워드를 경쟁자가 상품명에 사용했다는 뜻입니다. 따라서 우리는 고객의 수요는 있지만 전체 상품수가 적은 키워드를 많이 발굴해야 합니다. 그래야 광고를 하지 않고도 상품이 첫 번째로 노출되고, 1등 상품이나 최저가 상품과 같이 노출되지 않을 수 있습니다. 여러분도 예시를 참고해서 판매하는 상품의 키워드 경쟁률을 분석해 보세요.

경쟁률 계산1

▲ 네이버 쇼핑의 전체 상품 수

호박고구마	5,860	36,800

▲ 키워드 도구의 월간 키워드 조회수

전체 상품수		월간 키워드 조회수		경쟁률
15,317	÷	42,660	=	0.359

◆ 예시 ◆

경쟁률 계산2

▲ 네이버 쇼핑의 전체 상품 수

해남꿀고구마		650	4,220

▲ 키워드 도구의 월간 키워드 조회수

전체 상품수	월간 키워드 조회수	경쟁률
7,315 ÷	4,870 =	1.502

상품에 따른 효과적인 상품명 작성법 : 의류, 가전, 화장품, 식품

상품군	등록 내용	좋은 사례
가전	제조사/브랜드, 크기/사양, 모델명, 기능, 특징	LG전자 29MN33D 29인치 LED TV (PIP 기능, 스탠드 벽걸이 선택, HDMI) 파나소닉 루믹스 DMC – GM1 디지털 카메라 (1210만 화소, 마이크로 포커스)
화장품	브랜드, 종류, 용량, 세트 구성, 기능	[오와이오] AI 리페어 인텐시브 200ml 수분크림 – 공식 수입 정품
패션잡화	브랜드, 성별, 소재, 디자인, 컬러, 종류, 사이즈 등	※ 브랜드가 있는 경우 에잇세컨즈 부츠컷 데님 청바지 2599 다크 인디고 ※ 브랜드가 없는 경우 진주 장식 롱원피스 / 결혼식 하객스타일 – 블랙
농수산물	지역, 종류, 용량, 특징	이천쌀 10kg 현미 5kg 혼합잡곡 / 강원도 해남 호박고구마 5kg 호박 밤고구마

식품의 경우 특정 지역의 제품으로 검색하는 경우가 많아서 지역을 써주면 타겟에게 노출될 확률이 올라갑니다. 해당 지역의 제품으로 검색한 타겟은 그 지역의 제품만 구매하겠다는 의도를 갖고 있습니다. 따라서 고구마로 검색한 고객보다 해남 고구마라고 검색한 고객이 내 상품을 구매할 확률이 높습니다. 또한 냉동 고구마처럼 특징으로 검색하는 고객도 있습니다. 그리고 용량도 상품명에 입력합니다. 4인 가구와 1인 가구는 구매하는 용량이 다른 것처럼 식품은 타겟에 따라서 선택하

는 옵션의 무게가 다릅니다.

패션의 경우 여성, 남성으로 구분을 해주는 것이 좋고 재질을 입력하면 좀 더 디테일한 타겟에게 내 상품을 노출할 수 있습니다. 컬러를 모두 입력할 수는 없지만 컬러로 검색하는 고객도 있기 때문에 상품명에 컬러를 써주는 것도 좋은 방법입니다. 이렇게 타겟에 맞춰서 상품명을 세세하게 작성해 주는 방법은 광고비 대비 클릭률을 높일 수 있고 구매 전환율도 더 올라갑니다.

스마트 스토어 상품명 작성 시
주의할 점

스마트 스토어 상품명은 50글자 미만으로 작성합니다. 따라서 상품명에 불필요한 정보를 많이 넣지 않고 심플하면서 임팩트 있는 상품명이 네이버 쇼핑에서 유리합니다. 상품명 외에 상품의 특성 및 고객 혜택은 홍보 문구란을 통해서도 노출할 수 있습니다. 그렇기 때문에 이러한 정보를 상품명에 모두 입력할 필요는 없습니다. 일부 특수문자(/ ? " 〈 〉) 및 네이버에서 규정한 금칙어를 제외하고 모두 사용 가능합니다. 또한 '상품명 검색 품질 체크' 버튼을 이용하면 입력한 상품명이 올바른 상품명인지 검색할 수 있습니다. 그렇기 때문에 네이버에서는 반복되는 키워드를 넣거나 카테고리명과 중복되는 키워드를 넣는 것 금지 등 상품명에 대한 적합도를 판단하고 있습니다. 상품명 작성 후 버튼을 클릭해서 적합하다는 문구가 나타나야 합니다.

▲ 올바르지 않은 상품명일 경우 이미지

네이버 키워드 도구 찾아가기

❶ 네이버 사이트의 가장 하단에 [비즈니스·광고]를 클릭합니다.

❷ [검색광고]를 클릭합니다.

❸ 로그인을 합니다. 광고주 가입이 필요하기 때문에 신규가입이 필요한 분들은 [신규가입]
을 클릭해서 광고주로 가입을 합니다.

❹ [광고시스템]을 클릭합니다.

❺ [도구] ➜ [키워드 도구]를 선택합니다.

❻ 키워드를 입력합니다. 그러면 연관 키워드 및 월간 검색수(조회수)를 볼 수 있습니다.
[다운로드] 버튼을 클릭하면 결과 엑셀 파일을 다운로드 할 수 있습니다.

4 타겟과 5가지 질문을 작성하라

타겟 –
누구에게 판매할 것인가? 〰〰〰〰〰〰〰〰〰〰〰〰〰

여러분의 타겟은 누구인가요? 타겟을 정해야 상세페이지 타이틀을 구체적으로 작성할 수 있습니다. 그래야 타겟의 공감을 더 얻을 수 있기 때문입니다. 여러분이 타겟을 정할 때 알아야 할 것이 있습니다.

- 타겟이 넓을수록 매출량은 커지지만 구매 전환율은 떨어집니다.
- 타겟이 좁을수록 매출량은 작아지지만 구매 전환율은 올라갑니다.

그렇다면 여러분은 타겟을 어떻게 정하는 것이 좋을까요? 예전에 스마트 스토어 강의를 할 때 테스트로 온채널에 있는 위탁 판매 제품을 스마트 스토어에 올린 적이 있습니다. 상품은 자전거를 탈 때 착용하는 자전거 엉덩이 패드였습니다. 기존 경쟁사들은 타겟을 '자전거를 타는 모든 사람'으로 설정하고 상세페이지에 '충격 완화' 장점을 써서 상품을 판매하고 있었습니다.

자전거 엉덩이 패드의 가장 큰 타겟은 '자전거를 타는 사람들'입니다. 남녀공용 제품이었고 자체 제작 상품이었다면 굳이 타겟을 남, 여로 나눠서 타겟을 줄일 필요가 없지만 이 제품은 이미 시장에 똑같은 제품이 많이 있는 상품이었기 때문에 여성으로 타겟을 줄였습니다. 그리고 기존 배포하는 상세페이지에 충격 완화 장점과 함께 엉덩이 피부 변색 보호라는 추가 장점을 내세우는 문구를 추가했습니다. '엉덩이 피부색이 변하신 분은 꼭 사용하세요! 여성 전용 자전거 엉덩이 패드!' 이렇게 말이죠. 제품이 최저가가 아님에도 불구하고 여성분들 대상으로 주문이 들어왔습니다. 이렇게 똑같은 상품을 판매하는 경쟁자가 많을 경우 타겟을 좁게 잡는 법도 하나의 전략입니다.

그러나 나만의 제품을 가지고 있는 경우(자체 제작 상품, 독점권 상품)에는 이야기가 달라서 뎁쓰(depth)가 한 단계만 내려간 주요 타겟을 선정하는 것이 좋습니다. 아직 어렵다구요? 기획 테스트를 하면서 한번 알아볼까요?

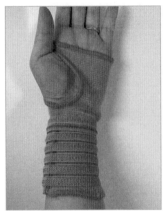

여기 '손목보호대'가 있습니다. 저희 수강생 분들 중에서도 주력 상품은 아니지만 실제로 온라인에서 판매를 하고 있는 상품입니다. 그리고 저도 사용을 하고 있는 제품이기도 합니다. 이 제품의 타겟은 누구로 해야 할까요? 오프라인 강의를 하면서 수강생 들에게 질문하면 아이 엄마, 컴퓨터 하는 사람, 창문 닦는 사람, 운동 선수 등 다양한 대답이 나옵니다.

그러나 이렇게 타겟을 정한 순간부터 이미 매출에 영향을 주기 시작합니다. 타겟의 영역이 달라지기 때문이죠. 주부보다는 아이 엄마가 하위 카테고리 타겟입니다. 1~6세 아이 엄마는 더 하위 카테고리죠. 그러나 무작정 하위 카테고리로 갈수록 좋지 않은 것도 아닙니다. 타겟이 좀 더 명확해지기 때문에 구매 전환율이 올라가기 때문이죠.

이런 경우 나만의 독창적인 제품이 있을 때는 '주부'처럼 한 단계만 내려간 타겟으로 정하는 것이 좋습니다. 그러나 남들도 다 팔고 있고 특징이 없는 똑같은 제품을 판매하고 있다면 그보다 너 낮은 하위 카테고리로 타겟을 좁게 잡는 것이 좋습니다. 예를 들어 '운동 선수'처럼 특정 타겟으로 카테고리를 좁게 잡은 다음, 전문가 전용 상품으로 기획해서 마진을 더 남길 수도 있습니다.

- 전체 타겟 : 손목이 아픈 사람들
- 주요 타겟 : 주부, 운동하는 사람들, 손을 많이 쓰는 근로자
- 세부 타겟 : 아이 엄마, 컴퓨터 하는 사람, 창문 닦는 사람, 운동 선수, 운동하는 일반인

무작정 욕심을 내서 손목이 아픈 모든 사람들에게 판매하려고 하면 상세페이지의 구매 전환율이 많이 떨어지고 기획하기도 그만큼 어려워집니다. 모두에게 판매를 하고 싶고, 많은 고객이 내 상품을 사기를 바라는 판매자 분들의 마음은 알지만 그렇게 되면 상세페이지에서도 특정 타겟을 정하기가 힘들어 집니다. 장점도 이것저것 나열하게 되어 고객의 공감을 얻기 어렵습니다. 그래서 가장 큰 타겟에서 딱 한 단계 내려간 주요 타겟으로 잡는 것이 좋습니다. 물론, 이것이 쉽지만은 않습니다. 실제로 강의를 하면서 수강생 분들에게 질문을 드리면 생각보다 한 단계만 내려간 타겟을 정하는 것에 난처해하는 분들을 많이 볼 수 있습

니다.

그럼에도 불구하고 내 제품이 필요한 모든 사람들에게 제품을 판매하고 싶다면 어떻게 해야 할까요? 그렇다면 타겟을 한 개의 상세페이지에 모두 표현하는 것보다는 타겟이 다른 상세페이지를 두 개 기획하라고 말씀드립니다. 그리고 각각 다른 채널에 상세페이지를 등록해서 광고하는 것이 구매 전환율이 높아지게 되며, 매출을 내는데 더 효과적입니다.

타겟을 구체적으로 잡은 키워드나 썸네일이 구매 전환율도 높고 이탈률이 낮아서 광고비도 절약할 수 있습니다. 예전에 유튜브 포토샵 강의 영상을 유튜브 내부에 광고한 적이 있습니다. 그 당시 포토샵 강의 이미지보다 사람 얼굴을 내세우면 클릭률이 높을 것으로 예상했고, 제 얼굴 이미지를 썸네일로 해서 광고를 했습니다.

그 결과 많은 사람들이 흥미를 느끼면서 클릭해서 들어왔지만 정작 강의에 관심을 가진 것이 아니라 얼굴 때문에 들어온 분들도 많았기 때문에 이탈률이 높았습니다. 이와 같이 타겟과 상관없는 이미지나 상품명, 글 등은 불특정 다수의 타겟들도 들어올 수 있으며 광고비를 더 많이 지불하게 됩니다. 그러므로 타겟팅은 정확하게 하는 것이 좋습니다.

[타겟과 타이틀]

일전에 포토샵 강의 모집 상세페이지를 기획해서 제작한 적이 있었습니다. 그 결과 강의는 실패하지 않고 계속적으로 마감이 되었습니다. '포토샵 강의가 그게 그거지', '학원에서 듣는 것을 더 선호할거야' 라고 대충 만들었다면 아마 강의 모집이 되지 않았겠죠. 아시다시피 포토샵은 디자이너에게 가장 필수적인 프로그램입니다. 그런데 저는 타겟을 잡을 때 창업자 분들로 한정하고 디자이너는 타겟에 포함하지 않았습니다. 분명 디자이너까지 포함한다면 매출이 더 날 수도 있는 큰 타겟이지만 두 타겟은 성향이 너무 다르기 때문에 상세페이지에 같이 모집하지 않았습니다. 이때 타이틀은 아래와 같았습니다.

월 1,000만 원을 벌어주는 상세페이지 기획과 디자인

'고객은 왜 포토샵을 배우는가?' 라고 질문을 던졌을 때 '상세페이지를 만들기 위해' 라고 단순히 생각한다면 그저 객관적인 현상에만 치우친 답변입니다. 이렇게 현상에만 집중하면 본질을 놓칠 수 있습니다. 창업자 분들의 포토샵을 배우려는 이면에는 매출이라는 니즈가 있습니다. 그래서 '월 1,000만 원'이라는 문구를 넣었고, 그 결과 강의는 꾸준히 마감을 이끌어 냈습니다.

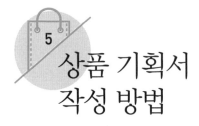

상품 기획서
작성 방법

벤치마킹을 했던 상세페이지 구조와 내용을 참고해서 내 상세페이지의 구조를 만들고 원고를 작성합니다. 상품 기획서는 경쟁사 상세페이지를 캡처해서 넣어놓기만 하면 안 됩니다. 여러분 또는 디자이너가 디자인을 할 때 참조할 수 있도록 카피 문구 등 상세페이지 내용이 모두 입력되어 있어야 합니다. 또한 **기획서의 글에서 강조해야 할 부분을 크기나 색상으로 강조**해 놓으면 디자인 작업을 할 때 조금 더 여러분이 원하는 디자인이 나올 수 있습니다.

포토샵이나 스마트 스토어 에디터를 이용하여 계획적인 분석 없이 그때그때 생각나는 즉흥적인 내용으로 상세페이지를 만들어 상품 등록을 하는 사람도 있는데, 물론 번뜩이는 아이디어가 대박을 칠 수도 있겠지만 성공할 확률이 많이 떨어지는 모험이라고 생각합니다. 고객은 그렇게 잠깐 동안 생각한 문구와 이미지들에 혹해서 제품을 구매하지 않을 만큼 영리합니다. 실제 상품 기획서와 비슷한 예시를 보여 드리겠습니다.

◆원고예시◆

[이벤트] -- 레이아웃1

오와이오 수제 마카롱 뚱카롱

20000원 ➜ 17,000원

선물 포장 가능

추가 상품 선물 세트 9개

잠깐! 혜택 보고 가세요~

혜택1. 당일배송! 평일 12시 이전 주문 건

혜택2. 상품 리뷰를 쓰시는 분들께 스타벅스 쿠폰 제공!

시중에 판매하는 일반 설탕 마카롱이 아닙니다.

시중 마카롱 : 일반 설탕 / **설탕 비율 75%**

오와이오 마카롱 : 유기농 설탕 / **설탕 비율 25% 다운**

설탕 비율을 낮췄지만 달달함은 그대로 유지했습니다.

제품 제조 공장 동영상 : 수확부터 공장 생산과정

저는 파리에 있는 ○○제빵학교를 나와서 파리 전통 빵 레시피로 만드는 기술을 배워 현재 국내에서 8년 동안 제빵 경력을 갖고 있는 제빵사입니다.

〈졸업인증서〉	〈제빵대회 수료증〉	〈유기농 밀가루 인증〉

고객의 욕구

필요와 욕구는 소비자의 지갑을 열리게 합니다. 인간의 욕구는 다양합니다. 타겟에 따라 느끼는 욕구의 크기는 다르지만 크게 아래와 같이 나눌 수 있습니다. 보통 심리적인 면에서 욕구가 더 큰 상품이 판매가 잘 됩니다.

> 〈인간의 욕구〉
>
> 1. 생존, 안전, 건강
> 2. 돈, 먹고 마시고 입는 의식주의 즐거움
> 3. 성
> 4. 우월감, 인정, 자기계발
> 5. 사랑, 연민, 관심, 보호

주목해야 할 점은 고객의 논리적 소비보다 감정적 소비, 감정을 일으키게 해야 합니다. 고객이 의류를 구매하는 경우 옷이 없어서 구매하는 것보다 관심, 우월감 등의 욕구를 자극하면 구매율을 높일 수 있습니다. 물론, 임부복 구매와 같이 필요불가결한 욕구는 타겟에 따라 다를 수도 있습니다.

원인(문제)	욕구	소비(문제 해결)
여름 옷이 없네	의식주, 우월감, 관심	옷 구매

생존 위협의 공포는 스트레스를 줍니다. 그래서 안전에 대한 욕구를 불러일으킵니다. 생존과 관련된 안전에 대한 욕구는 일반적인 욕구보다 더 크게 작용합니다.

원인(문제)	욕구	소비(문제 해결)
코로나, 불안 공포	생존, 안전, 건강	마스크 사재기, 세정제 손 소독제 매출 증가
범죄율 증가, 불안 공포	생존, 안전	호신용품 구매

WHY를 질문하라 〜〜〜〜〜〜〜〜〜〜〜〜〜〜〜〜〜

여러분이 팔려는 상품에 타겟이 정해졌다면 스스로 질문을 던져야 합니다. 저는 기획을 할 때 5가지 질문을 합니다. 이 질문들은 매출이 떨어졌을 때 다시 매출을 올릴 수 있도록 도와준 방법입니다.

- 고객은 왜 이 제품이 필요한가?
- 고객은 왜 내 제품을 사야 하는가?
- 고객은 왜 더 비싸도 내 제품을 사야 하는가?
- 고객은 왜 경쟁사의 제품이 아닌 내 제품을 사야 하는가?
- 고객은 왜 내 제품에 만족하는가?

매출을 내기 위해 질문을 바꾸거나 추가하셔도 됩니다. 이렇게 '왜?'라는 질문을 하는 이유는 상품을 판매하는 판매자도 '내 상품을 사야하는 이유'를 정확히 모르면 상세페이지에 어필을 할 수 없고, 고객도 여러분의 제품을 구매해야 할 이유를 알 수 없기 때문입니다.

'고객은 왜 이 제품이 필요한가?'는 고객의 가장 큰 니즈입니다. '고객은 왜 내 제품을 사야 하는가?'는 고객이 이 제품이 필요한 것은 알겠는데 많은 제품들 중에 '왜 군이 내 제품을 사야 하는가?'입니다. 여러분이 군이 내 제품을 사야할 이유가 없다고 생각한다면 고객도 같은 생각을 하겠죠? 그래서 이 질문에 답을 얻어야 합니다.

"멍게가 다 똑같은 멍게지 뭐!"

실제 수강생이 오프라인 강의에서 했던 말입니다. 그래서 그분에게 역으로 "그럼 판매자마다 왜 판매량과 매출액이 다른거죠?" 라고 질문을 드렸습니다. 제가 먹어 본 멍게는 다 달랐다고 말하면서요. 경쟁사와 지역의 차이, 멍게를 잡는 시기의 차이, 크기나 맛의 차이 등을 만들 수도 있습니다. 식품을 온라인에서 시켜본 결과 포장 상태와 배송 상태에 따른 고객 만족도도 다릅니다. 바로 이런 부분들을 상세페이지에 어떻게 노출하는지가 기획의 차이인데 방법이 없다고 생각하는 마인드는 기획에 방해만 될 뿐입니다.

'고객은 왜 더 비싸도 내 제품을 사야 하는가?' 만약 내 제품이 시장가에 비해 높게 책정되어 있다면 그 이유가 있겠죠? 단순히 두리뭉실하게 내 제품이 무조건 좋아서라고 생각하면 안 됩니다. 제품이 정말 좋은 이유가 있다면 좋은 재료, 맛, 새로운 기능 등 그 부분을 어떤 방식으로 표현을 할지 생각하는 것이 그 다음 단계입니다. '내 제품을 안사면 고객이 손해야' 라는 마인드를 갖는 것도 좋습니다. 그런 자신감이 없으면 '이 가격에 고객이 살까?' 하는 불안한 마음에 판매가를 저렴하게 책정할 수도 있습니다.

'고객은 왜 경쟁사의 제품이 아닌 내 제품을 사야 하는가?'에 대한 답이 여러분 상세페이지에 나와 있나요? 다른 제품과 비교해서 내 제품이 얼마나 나은지 상세페이지에서 보여주는 것과 그냥 내 제품의 장점만 보여주는 것은 효과가 다릅니다. 그래서 경쟁사의 제품이 아닌 내 제품을 구매해야 하는 이유를 고민하고 상세페이지에 비교하면서 노출을 해야 합니다. 그렇다고 대놓고 경쟁사를 공격하면 안 되겠죠?

'고객은 왜 내 제품에 만족하는가?', '고객은 내 제품의 어떤 점을 만족해할까?'를 생각해 봐야 합니다. 고객에게 미리 대리 만족과 희망을 줄 수 있는 점을 기획합니다. 보통 사용 전, 사용 후 형식의 기획으로 보여줄 수 있습니다. 화장품 상세페이지와 요즘 인스타그램 라이브 방송을 봐도 사용 전, 사용 후가 많이 보입니다. 그리고 고객 후기로 보여줄 수도 있습니다. 내가 얻을 수 있는 장점을 미리 보고 기대하게 하는 고객 후기입니다.

> **[고객후기]**
> • 결혼식에 입고 갔는데 친구들이 명품인줄 알았대요.
> • 불면증이었는데 제품 사용 후 5분 만에 잠들었어요.

실패와 5가지 질문

상세페이지는 완성되었다고 하더라도 영구적으로 사용하는 것이 아니라 고객의 반응을 보면서 수정해 나가는 것입니다. 어느 날 포토샵 강의 중에 수강생 분들이 저에게 고충을 이야기했습니다.

"디자이너에게 의뢰해서 상세페이지를 만들었는데 나중에 글씨만 수정하려고 해도 몇 만원씩 요구했어요.", "디자이너가 연락이 2~3일에 한 번씩 된다." 등등 이런 이야기를 하는 분이 한두 분이 아니었습니다. 그래서 저는 잘못된 판단을 하고 맙니다. '아, 내 타겟의 큰 문제는 이거구나!' 라고 생각했고 포토샵 강의 모집 문구를 아래처럼 변경했습니다.

월 1,000만 원을 벌어주는 상세페이지 기획과 디자인

창업자의 시간과 비용을 아껴주는 상세페이지 기획과 디자인

이렇게 강의 모집 상세페이지의 타이틀을 변경했더니 갑자기 월 매출의 50%가 줄었습니다. 저는 당황했고 5가지 질문을 다시 했죠. '고객은 왜 이 제품이 필요한가?' 라는 질문을 했을 때 '시간과 비용을 아끼려고'가 답이 아니었던 것이죠. 물론 시간과 비용을 아끼려는 니즈가 있는 타겟은 있습니다. 한 번이라도 디자인 업체에 상세페이지를 맡겨본 판매자인거죠. 그래서 타겟도 줄었던 겁니다.

스마트 스토어를 갓 시작하려는 창업자 분들은 저 타이틀이 와 닿지 않았겠죠. 고객은 본인의 가장 큰 니즈만을 말하는 것이 아니기 때문에 무조건 고객의 말만 듣고 상세페이지를 만들어서는 안 됩니다. 그래서 다시 타이틀을 원래대로 변경했더니 원래 매출로 회복이 되면서, 2년 동안 강의는 계속 마감되었습니다.

창업자 분들께 '포토샵을 배우려는 이유는?'이라고 물으면 답은 '상세페이지 제작'이라고 하시는데 이것은 현상적 욕구입니다. 여기에 포커스를 맞추면 '포토샵 상세페이지 제작 방법' 같은 평범한 타이틀이 나오겠죠. 이면에 있는 욕구는 '매출'입니다. 우리는 현상이 아닌 그 이면에 있는 진짜 니즈를 찾아야 하고, 그래야 고객의 니즈를 자극해서 매출을 일으키는 타이틀을 만들 수 있습니다.

[고객의 말을 100% 믿지 말라]

고객 분들께 "왜 저희 제품을 구매하셨어요?" 하고 물으면 막상 정확한 포인트를 짚어서 대답하지 못합니다. 심지어 기획을 하는 저도 그랬습니다. 예전에 인스타그램으로 1:1 필라테스 강의를 알아보다가 한 군데를 정해서 수강권을 끊었습니다. 그런데 강사님이 "왜 저한테 신청하셨어요? 인스타그램에 필라테스 강사들 정말 많잖아요." 라고 물어보는데 순간 대답할 답이 떠오르지 않더라구요. 너무 많은 곳을 보고 비교했기 때문이겠죠(웃음).

인스타그램을 다시 봤더니 바로 답을 알 수 있었습니다. 다른 필라테스 업체의 인스타그램은 강사가 필라테스하는 모습, 수강생들의 모습이 있었고 제가 선택한 곳은 이런 사진들과 함께 다음과 같은 수강생 후기가 가끔씩 등장했어요.

"몸치인데 답답해서 화내는 모습도 없고, 50분 동안 꼼꼼히 알려주세요."

저도 몸치였고 이전에 PT를 받을 때 PT쌤의 답답해하던 모습이 그려지더군요. 그래서 수강 후 만족도는 성공적이었습니다.

이처럼 **고객은 내가 왜 제품을 구매했는지 100% 정확하게 알 수 없습니다.** "상세페이지의 타이틀에서 50% 마음을 뺏겼고, 이 글과 이 그림이 마음에 들어서요." 라고 대답하는 고객이 얼마나 있을까요? 고객이 상세페이지의 어떤 부분을 보고 구매를 결정할지는 우리가 분석하고 기획을 하며 알아내야 하는 부분입니다. 고객 니즈가 이미 있는 상품도 있고, 고객이 니즈를 모르는 경우도 있기 때문에 '설문 조사가 믿을게 못된다' 보다는 '100% 믿어서는 안 된다.' 라는 것입니다.

잘 팔리는 상세페이지 기획 방법

1 **철저한 벤치마킹** : 고객 수요가 있는 판매가 되는 상품인가?

- 동일 상품 / 유사 상품 / 비동일 상품

- 상세페이지 레이아웃 파악하기

- 효과적인 후킹 문구

- 이미지 벤치마킹

2 **상위 노출을 위한 스마트 스토어 상품명 작성**

- 레드 키워드와 블루 키워드 찾기

3 **타겟과 5가지 질문 작성**

- 내 상품 기획에 맞게 타겟을 넓게 또는 좁게 설정

- 고객이 내 제품을 사야만 하는 5가지 질문 작성

4 **상품 기획서 작성**

- 장점 나열에서 벗어나 고객의 흥미를 끌고 신뢰를 주는 기획서 작성

(5, 6장 참고)

4장

잘 팔리는 상세페이지 레이아웃

여러분은 판매가 잘 되는 상세페이지를 만들고 싶으신가요? 그렇다면 우선 판매가 잘 되는 레이아웃을 만들어야 합니다. 판매가 잘 되는 스마트 스토어들을 살펴보면 상세페이지 요소들과 레이아웃이 비슷합니다. 상세페이지에 글을 쓰기 이전에 여러분들은 이런 잘 팔리는 상세페이지 레이아웃을 분석해야 합니다. 그리고 여러분들의 레이아웃을 만들어야겠죠? 이번 장에서는 상세페이지를 구성하는 요소와 레이아웃을 알아보도록 하겠습니다.

10년 전 제가 처음 오픈마켓에 상품을 판매할 때에 대부분의 상세페이지는 상품 후기와 관련 상품 모두를 상세페이지의 하단에 노출시켰습니다.

그러나 지금은 어떤가요? 최근에는 후기 탭과 관련 상품 모두 상세페이지의 상단에 노출이 되고 있습니다. 간혹 어떤 쇼핑몰에서는 여전히 관련 상품을 하단에 노출하고 있는 안타까운 경우도 보이기는 합니다. 최근 판매가 잘 되는 상세페이지를 보면 **매출을 올릴 수 있는 요소들이 상세페이지 상단에 위치해 있습니다.**

최근에 잘 팔리는 상세페이지 레이아웃은 아래와 같습니다. 판매가 잘 되는 상세페이지 레이아웃을 상단부터 순서대로 알아보도록 하겠습니다.

▲ 잘 팔리는 상세페이지 레이아웃

1 후기 탭
– 고객은 무엇을 볼까?

고객이 상세페이지에 들어와서 대표 이미지를 본 후 가장 먼저 확인하는 곳입니다. 후기 탭은 보통 베스트 후기, 일반 후기, 포토 후기, 동영상 후기가 있습니다. 그리고 평점 순으로 후기를 볼 수도 있습니다. 일반 쇼핑몰의 경우는 회원 아이디를 만들어서 후기 탭에 후기를 남기는 테스트를 해볼 수 있지만 스마트 스토어와 오픈마켓, 전문몰 등은 고객이 구매를 했을 경우에만 후기 탭에 후기를 남길 수 있습니다.

- 후기 평점
- 후기 개수
- 후기 내용

▲ 수강생 스마트 스토어 후기 평점과 개수

여러분은 후기가 '0개'인 상품과 후기가 '100개'인 상품 중에 어떤 상품을 구매 결정하기 쉬우신가요? 당연히 후기가 '100'개인 상품일 것입니다. 그 이유는 더 신뢰가 가기 때문입니다. 후기가 없는 상품은 포털 사이트 첫 페이지에 상품이 노출되더라도 매출이 거의 일어나지 않습니다. 그렇기 때문에 후기가 고객에게 주는 심리적인 부분을 무시하고 후기가 없는 상태로 광고를 해서 상세페이지를 노출한다면? 고객은 사고 싶은 상품이어도 망설이게 됩니다. 그 결과 고객이 구매를 하지 않기 때문에 당연히 유입자 수는 있지만 광고 대비 구매 전환율이 떨어지고 광고비만 지출하게 됩니다.

"처음 판매를 시작하는 분들은 후기가 없는데 그럼 어떻게 해야 할까요?"

당연히 처음 스마트 스토어를 창업하면 구매가 하나도 없는 상태라서 후기가 없습니다. 그래도 구매 전환율을 높이기 위해서 후기를 받아야 합니다.

후기를 받는 방법

① 지인 판매

광고를 하기 전에 우선 지인 판매로 후기를 받는 것이 필요합니다. 오프라인에서도 가게를 오픈하면 아는 사람들이 와서 구매를 해주는 것처럼 온라인도 그런 부분이 필요하다는 이야기입니다. 이렇게 지인 판매를 하기도 하지만 비용을 지불하면 후기를 달아주는 업체들을 이용하는 방법도 있습니다. 사실 아는 사람은 다 아는 공공연한 사실이죠! 후기 마케팅을 하는 회사에 비용을 지불하고 요청을 하면 구매 평을 달아주는 사람들을 모아서 후기를 등록해 줍니다. 후기를 조작하는 것은 범죄에 해당하지만 순수한 초기 창업자 분들에게 실상은 이렇다는 사실을 알려 드리는 것입니다.

② 제품 체험단

후기를 받을 수 있는 또 다른 방법으로는 제품 체험단이 있습니다. 제품을 고객에게 무료로 제공하고 스마트 스토어 구매 평을 받는 것입니다. 이때 직접 체험단을 모집하는 판매자 분들도 있고, 체험단 업체를 이용하는 경우도 있습니다. 체험단이 제품을 구매하는 방법은 페이백 방법과 선 쿠폰 제공 방법 등으로 진행할 수 있습니다. 스마트 스토어에 후기가 어느정도 쌓이면 블로그와 인스타그램, 유튜브 같은 SNS 체험단을 진행하는 것도 좋습니다.

고객 후기를 더 좋게 받는 방법 ～～～～～

불량 고객을 줄이고 후기를 더 좋게 받는 방법이 있습니다. 바로 손 편지를 보내는 방법입니다. 저는 제품을 온라인으로 많이 구매해 보았는데 딱 한 번 손 편지를 받아 보았습니다. 저도 제품을 판매할 때 손 편지를 써서 보냈던 적이 있었는데 불량 상품을 받았던 고객 분이 손 편지 때문에 그래도 마음이 누그러지셨다고 했습니다.

또한 고객이 문의를 했을 때 빠른 응대를 하면 고객이 기다리는 동안 화가 나서 구매 결정을 해버리고 나쁜 후기를 남기는 것을 방지할 수 있습니다.

2

매력과 신뢰를 주는 이벤트 +○○영역

우리가 이벤트를 하는 이유는 고객에게 혜택을 제공해서 매력을 느끼게 하고, 제품을 구매하도록 만드는 것입니다. 최근 판매를 잘하는 스마트 스토어를 보면 대부분 상세페이지 시작부터 이벤트를 노출하고 있습니다. 보통 '스토어 찜', '소식 알림' 쿠폰 이벤트 등을 진행하고, 추가적으로 다른 이벤트들도 진행하고 있습니다.

경쟁 업체는 이벤트로 상세페이지를 시작하고 있는데, 내 상세페이지는 제품명으로만 시작하고 있다면 고객이 보았을 때 상세페이지가 비어 보이고 매력 없이 보일 수 있습니다. 경쟁사가 쿠폰 이벤트를 하고 있다면 여러분도 이벤트를 해야 합니다. 반대로 경쟁사가 이벤트를 하지 않을 경우 여러분이 상세페이지 시작부터 이벤트를 노출하면 경쟁사의 상세페이지를 비교했을 때 첫 인상부터 고객에게 더 매력적으로 보일 수 있습니다.

이벤트의 종류

① 스마트 스토어 쿠폰

스마트 스토어에서 스토어 찜, 소식 알림 동의를 한 고객에게 할인 쿠폰을 발급하는 서비스입니다. 스마트 스토어 판매자 센터에서 쿠폰 발급을 설정할 수 있습니다. 혜택 등록을 하면 상세페이지 가장 상단에 노출됩니다.

▲ 스마트 스토어 쿠폰

스마트 스토어 센터

스마트 스토어 쿠폰 등록 위치 : 스마트 스토어 센터 [고객혜택관리 ➜ 혜택 등록]

동영상강의 QR코드 :

② 포토 후기 이벤트 : 스타벅스 기프티콘, 문화상품권 등 제공

고객은 일반 후기보다 포토 후기를 더 많이 보기 때문에 포토 후기가 많으면 많을수록 좋습니다. '기브 앤 테이크'로 아무 것도 주지 않는 것보다 고객에게 이벤트 상품을 제공하면 후기를 더 받을 수 있습니다. 그래서 창업 초기에는 포토 후기를 많이 받기 위해서 마진을 남기지 않더라도 이벤트를 진행하기도 합니다.

▲ 포토 후기 이벤트

③ 1+1 이벤트

- 상품 한 개를 구매하면 한 개를 더 제공하는 이벤트
- '1개＋1개'를 샀을 때 할인, '1개＋1개＋1개'를 샀을 때 추가 할인을 해 주
  는 이벤트

첫 번째 방식의 이벤트는 '5주년 감사 이벤트' 또는 '10만개 판매 기념 이벤트' 처럼 감사 이벤트에 적합합니다. 하나를 사면 하나를 더 주는 이벤트이기 때문에 초기 창업자에게는 비용 부담이 될 수 있기 때문입니다. 초기 창업이라도 자본이 많은 회사나 어느 정도 매출이 나오는 회사가 진행할 수 있는 이벤트입니다.

두 번째 방식의 이벤트는 상품을 더 많이 구매하는 고객에게 혜택을 주는 이벤트라서 고객 분들과 판매자 분들 모두에게 이득입니다. 소모품을 판매하거나 2~3개씩 주문하는 제품일 경우 효과가 좋으며, 초기 창업자 분들에게도 부담이 덜한 이벤트라서 추천을 드립니다.

1+1 이벤트 이미지를 제작할 때에는 제품 사진을 1개 넣는 것보다 제공받는 제품 개수만큼 넣는 것이 더 좋겠죠? 오른쪽 사진처럼 제품 사진이 2개 들어간 이미지는 내가 2개의 제품을 갖게 된다는 것이 시각적으로 보이기 때문에 고객에게 혜택을 더 실감나게 전달할 수 있습니다.

〈1+1 이벤트 1〉   〈1+1 이벤트 2〉

④ 재 구매 고객을 위한 이벤트

기존 고객 대상의 이벤트는 신규 고객 유입보다 더 적은 비용으로 더 큰 수익을 발생시킵니다. 재 구매 고객은 신규 구매 고객보다 65% 이상 더 많이 구매를 하고, 구매 시 주문 액수도 더 큽니다. 그 이유는 첫 구매에서 가졌던 불안감이 안정감으로 바뀌었고, 이전 구매에서 얻은 신뢰도가 있기 때문입니다. 그래서 기존에 주문했던 제품을 재구매하면서 추가로 다른 제품들도 같이 구매할 가능성도 높습니다. 고객들은 첫 구매 후 제품이나 서비스에 대해 만족하면 두 번째 구매부터는 확신을 가지고 주문할 수 있게 됩니다. 따라서 재 구매 고객에게 혜택을 지속적으로 제공함으로써 만족도를 높이고, 반복적인 재 구매를 유도하는 것이 중요합니다.

공지의 종류 ~~~~~~~~~~~~~~~~~~~~~~~~~~~~

이벤트는 판매가 늘어난다는 장점이 있지만 반면에 비용이 들어가고 그만큼 순수익이 줄어든다는 것을 뜻합니다. 만약 비용적인 이유로 도저히 이벤트를 진행할 수 없다면 어떻게 하는 것이 좋을까요? 상세페이지 상단에 공지라도 노출해야 합니다(원래 공지사항은 상단에 노출합니다). 추석이나 설날 '택배 배송 지연'처럼 정보 제공에만 목적이 있는 공지도 있지만, 혜택의 성향을 띄고 있는 공지도 있습니다.

무료 배송이나 당일 배송 공지는 이벤트가 아니지만 당일에 배송을 해준다는 혜택의 느낌도 있습니다. 이렇게 혜택을 제공한다는 느낌이 중요합니다. 상세페이지의 이벤트 영역에 아무 이미지도 없는 것보다 이미지가 있는 것이 더 매출 효과를 일으키기 때문입니다. 절대 경쟁사의 상세페이지 이벤트와 비교했을 때 이벤트 영역이 허전해 보이면 안 됩니다. 공지 사항을 이미지 배너로 제작해서 고객으로 하여금 '경쟁사에 비해 여기는 혜택이 없네' 라는 생각이 들지 않도록 상세페이지 이벤트 영역에 꾸준히 노출시키도록 노력합니다.

① 무료 배송

무료로 배송을 한다는 것은 배송비를 판매자가 부담하는 것입니다. 역시나 비용이 들어가는 부분입니다. 따라서 위에도 강조했듯이 무료 배송을 하는 경우 공지를 글로만 안내하기 보다는 꼭 이미지를 만들어서 상세페이지 상단에 노출해 주세요.

▲ 무료 배송 이미지

② 당일 배송

무료 배송도 비용이 들어 어렵다면? 당일 배송을 할 수 있다는 문구를 넣는 것도 방법입니다. 몇 시 이전까지 주문 건에 대한 당일 발송 이미지를 만들어서 상세페이지 상단에 넣어줍니다.

▲ 당일 배송 이미지

자랑 영역

스마트 스토어를 운영하면서 판매량이 늘어나고 1~3위 정도의 판매자가 되면 이벤트 위 또는 아래에 '자랑 영역'을 추가할 수 있습니다. 고객에게 신뢰를 주는 부분이기 때문에 상세페이지 중간이나 하단보다는 상단에 넣는 것이 좋습니다. 온라인 쇼핑을 할 때 상세페이지에서 아래와 같은 문구들을 본적 있으신가요?

> 업계 1위!
> 소비자 만족도 대상 1위
> 100만개 판매 신화!
> 이미 10,000명의 고객이 구매한 상품입니다.

이러한 문구들은 상세페이지의 매력과 신뢰도를 높일 수 있습니다. 이중에는 저도 사용하고 있는 문구가 있습니다. 이와 같이 여러분이 자랑할 수 있는 제품 판매 순위, 판매 개수, 평점 등을 상세페이지에 노출을 합니다.

여기서 알아야 할 것은 '스마트 스토어 1위' 라는 문구를 사용하는 판매자를 보면 모든 키워드에서 1위는 아니라는 것입니다. 따라서 여러분 제품이 특정 키워드에서 1위를 한다면 꼭 캡처를 해놓아야 합니다. 그리고 '업계 1위'와 같은 문구와 함께 캡처한 이미지를 상단에 노출합니다. 소비자 만족도 대상과 같은 이미지들도 본 적 있으실 겁니다. 이 상은 협회, 언론사 등에서 주고 있습니다. 만약 상을 받았다면 해당 사실을 이미지로 제작해서 상세페이지 상단에 노출합니다.

▲ 소비자 만족도 대상 이미지

스마트 스토어를 지금 막 시작하는 분들이라도 자랑할 것이 있다면 상세페이지 기획을 할 때 넣어주는 것이 좋습니다. 실제 사례로 앞치마를 판매하는 A 판매자, 수건을 판매하는 B 판매자가 있었습니다. 두 판매자 모두 오프라인에서만 판매를 했었고 온라인 판매를 앞두고 있었습니다. 미리 제작한 상세페이지를 갖고 계셔서 보았는데 너무 평범해 보였습니다. 그래서 상세페이지에서 변경해야 할 부분을 체크해 드렸습니다.

미팅을 해보니 앞치마를 판매하는 A 판매자는 오프라인에서 누구나 알만한 대기업에 단체 앞치마를 납품하고 있었고, 수건을 판매하는 B 판매자는 유명 호텔에 수건을 납품하고 있었습니다. 그런데 이런 내용이 상세페이지에 들어가 있지 않았습니다. 3자의 입장에서 보면 '당연하게 상세페이지에 넣어야 했던 거 아닌가?' 라고 생각할 수 있지만 막상 상세페이지를 처음 만드는 분들은 그렇게 기획하기가 어렵습니다. 그냥 디자이너에게 상품에 대한 설명적인 내용만 주고 디자인을 맡겨버리거나 하지요.

그래서 오프라인에서 거래하고 있는 유명한 곳을 상세페이지 상단에 노출하라고 말씀드리고 더 나아가 거래 업체의 담당자에게 후기를 받아서 상세페이지 상단에 후기를 넣을 수 있다면 그렇게 하시라고 말씀드렸습니다. 만약 거래처에서 업체명 공개를 꺼린다면 이니셜로 넣어도 됩니다. 그럼 고객은 '이곳은 대기업에 납품하는 믿을 수 있는 곳이구나'라고 생각하고 신뢰도가 올라갑니다. 자랑 영역 부분을 보고 고객은 이미 구매를 결정할 것이고, 경쟁 업체 중에는 이런 기획 요소를 사용하고 있는 곳이 없으니 경쟁자의 상세페이지를 충분히 이길 수 있을 것이라고 A와 B 판매자에게 말씀 드렸습니다.

아마도 책을 읽는 여러분 중에는 A와 B 판매자처럼 오프라인 매장을 운영하다가 온라인 쇼핑몰을 시작하려고 하는 분들이 계실 것이라 생각합니다. 대기업에 납품을 하지 않더라도 오프라인 매장에서 일반 고객에게 판매한 판매량도 분명 있겠죠. 그 판매량을 노출하세요. 판매량이 많으면 많을수록 상세페이지 상단에 노출시키면 고객이 내 제품에 신뢰도를 가질 수 있습니다.

"이미 오프라인에서 10,000명의 고객이 구매한 상품입니다."

신뢰가 하나도 없는 판매자가 제품에 대한 설명을 하는 것보다 '10,000개'의 상품을 판매한 판매자의 설명을 더 집중해서 보겠죠. 그래서 **제품 설명보다는 신뢰나 매력 요소가 먼저 나와야 합니다.** 이런 기획 요소를 모른다면 단순하게 제품명과 제품 설명만을 나열하면서 일반적인 상세페이지를 만드는 우를 범하게 됩니다.

브랜딩 영역 (로고/브랜드 이미지/스토리텔링) 〜〜〜〜

앞서나온 이벤트, 공지, 자랑영역 외에 상단에 노출되는 요소가 한 가지 더 있습니다. 브랜드를 만들어가고 싶은 경우 브랜드 로고, 브랜드 스토리를 넣을 수 있습니다. 상품을 만들게 된 계기, 사업을 시작하게 된 계기, 제품을 개발하면서 겪은 스토리 등을 작성하여 스토리텔링을 할 수도 있습니다. 브랜드가 추구하는 가치와 방향성, 철학, 브랜드 이미지 등을 글과 이미지로 보여주며 신뢰도를 올리고 고객들에게 브랜드가 인지될 수 있게 합니다. 대표적으로 무신사, W컨셉, 와디즈에서 종종 볼 수 있는 요소입니다.

브랜드라는 것은 단순히 회사 로고, 이미지라고 생각할 수도 있지만 제가 생각하는 브랜드는 '고객에게 스며드는 것'이라고 생각합니다. 각자 회사가 갖고 있는 물감을 화선지에 떨어뜨렸을 때 물감의 색상이 다르고, 물감이 거칠게 퍼질 수도 있으며 흩뿌려질 수도 있습니다. 고객에게 다다르는 느낌이 다른 것처럼 고객에게 어떻게 스며드는지에 따라 브랜드 이미지가 결정된다고 생각합니다. 단순히 제품 소개만 있는 상세페이지와 브랜드를 나타내는 상세페이지는 목적이 다릅니다. 브랜드를 알리기 위해서 여러분의 생각과 철학을 상세페이지에 잘 녹여보세요. 그 철학과 함께하고 좋아할 수 있는 사람들을 만들 수 있습니다.

3 고객 후기를 디자인하라

여러분이 상품을 구매했던 상세페이지를 한번 잘 생각해 보세요. 상단에 나오는 후기 탭에 있는 후기 말고도 상세페이지 중간 부분에서 후기를 본 적이 없으신가요? 이러한 방식은 상세페이지 안에서 이미지 형태로 노출하는 후기로 신뢰와 매력을 주는 요소입니다. 상세페이지 내부에서 후기를 이미지 형태로 제작해서 넣는다면 구매 전환율이 더 올라갑니다. 실제로 대부분의 고객이 후기 탭에 남긴 후기는 다른 고객으로 하여금 내 제품을 구매하게 만드는 확실한 후킹 포인트가 없을 수 있습니다. 스마트 스토어 후기 탭에 고객이 남긴 구매평을 살펴볼까요?

- "생각했던 것보다 예뻐요~"
- "아직 써보진 않았지만 좋을 것 같습니다."
- "가나다라아자카타파하하하가나다"

보다시피 여러분의 제품을 구매한 고객들은 다른 사람이 이 제품을 구매하기를 바라는 마음으로 후기를 쓰지 않습니다. 적립금을 받기 위해 내용 없이 글자 수만 채워서 쓴 후기도 있습니다. 그렇기 때문에 여러분은 보다 강력한 구매를 일으키기 위해 상세페이지 내부에 고객이 남긴 Best 후기를 넣는 것이 좋습니다. **명심해야 할 것은 Best 후기란 고객이 좋게 작성한 후기가 아니라 구매 전환을 유도할 수 있는 후기여야 한다는 것입니다.** 만약 고객이 스마트 스토어 후기 탭에 남긴 후기 중에 상세페이지 내부에 넣을 만큼 좋은 후기가 없다면 카톡으로 받은 후기, 인스타그램 후기, 직원 후기 등을 사용할 수도 있습니다. 그럼 어떤 후기가 상세페이지 내부에 있으면 좋을까요?

후기의 신뢰도를 주는 요소

- 실제 후기 캡처 이미지
- 후기를 작성한 사람의 정보
- 아이디, 이름, 나이, 직업, 지역, 얼굴 사진 등

▲ 후기1

〈후기1〉 이미지는 SNS 캡처 사진이 보입니다. 후기 내용만 말풍선으로 넣는 것보다 신뢰도가 올라갑니다. SNS 캡처 이미지 대신 카톡 후기, 스마트 스토어 후기를 캡처해서 넣는 경우도 있습니다.

〈후기2〉처럼 Q/A 형식으로 후기를 구성해 볼 수도 있습니다. 〈후기2〉 이미지에서 신뢰 요소인 이름, 나이, 사진을 하나씩 손으로 가려보세요. 신뢰도가 떨어지죠?

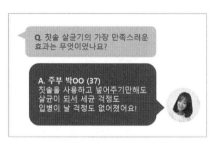

▲ 후기2

〈후기2〉 이미지에는 얼굴 사진과 이 후기를 쓴 사람의 직업정보와 아이디가 나와 있습니다. 예전에 강의를 할 때 스마트 스토어에서 판매를 하는 어떤 수강생 분이 "저는 저렇게 후기에 사진이 있으면 오히려 못 믿겠어요" 라고 하신 적이 있습니다. 물론 사람의 생각은 모두 같을 수 없기 때문에 그런 고객도 있을 수 있습니다. 하지만 의심이 들더라도 얼굴 사진이 없는 것보다는 있는 것이 고객에게 더 신뢰감을 주는 것이 사실입니다.

만약 노출할 얼굴 사진이 없을 때에는 유료 이미지 사이트에서 사진을 구매해서 넣기도 합니다. 최근에는 인물 캐릭터, 동물 캐릭터 등으로 대체해서 넣는 경우도 있어서 얼굴 사진을 넣기 싫으신 분들은 **캐릭터**

를 넣어보는 것도 좋습니다. 실제 사람 얼굴은 아니더라도 얼굴을 대체할 이미지가 있는 후기가 더 신뢰를 주기 때문입니다. 요즘 잘 나가는 레깅스 판매 회사인 J 쇼핑몰에서도 사람 얼굴 대신 거북이, 토끼와 같은 동물 캐릭터에 말풍선을 넣어서 고객 후기를 상세페이지에 넣은 것을 보았습니다.

〈후기3〉 이미지는 실제로 제가 온라인 동영상 강의 모집을 할 때 사용했던 후기입니다. 후기를 남긴 고객의 정

[동영상 강의 수강생 리얼 후기]
★★★★★ 온라인 창업 준비중 강OO님
지방에 살아서 서울에서 하는 교육을 듣고 싶어도 못들었는데 오프라인 강의 수강생작 보고 믿고 신청했습니다. 톡으로 문의하면 친절하게 답해주셔서 어려움없이 따라갈 수 있었습니다.^^

▲ 후기3

보를 써서 비슷한 타겟의 공감을 얻을 수 있고, 캐릭터를 통해 신뢰도를 주는 후기입니다. 그리고 구매 전환이 될 수 있는 내용은 글씨의 강약을 다르게 해서 가독성 있게 디자인하는 것이 좋습니다.

구매 전환을 일으키는 후기

이 후기를 쓴 사람이 누구인지 나타내야 합니다. 한마디로 타겟이 정확한 후기를 말합니다. 아무리 내용이 좋은 후기여도 누가 쓴 후기인지 알 수 없다면 공감이 가지 않으며, 신뢰도가 떨어집니다. 타겟을 나타내는 방법은 다양합니다.

타겟의 이름, 아이디, 나이, 특징 등

- 주부 박○○씨 , 30대 회사원 이○○씨
- 아이디 vim****
- "30대 직장인인데…"
- "회사에서 매일 야근하는데…"
- "임산부인데…"
- "학교 갈 때…"
- "제가 피부가 지성인데…"
- "제가 소화가 잘 안되는데…"

비교 후기

비교가 들어간 후기도 구매 전환을 일으키는데 유용합니다.

- "다른 곳에서 산 김보다 덜 짜요."
- "다른 곳에서 산 치마는 안감이 두꺼워서 더웠는데 ○○몰 치마는 시원해
  요."
- "기존에 쓰던 크림은 저녁에 바르고 자면 아침에 건조했는데 이 크림은 아
  침까지 촉촉해요."
- "3,000원 싸다고 다른데서 샀다가 후회하고 여기로 다시 돌아왔어요."

Before & After 후기 〰〰〰〰〰〰〰〰〰〰〰

사용 전과 사용 후가 들어간 후기 역시 구매 전환을 일으킵니다.

◆ 예시 ◆

상품이 '베개'인 경우

○ "전에는 새벽 3~4시에 잠들었는데 이 베개는 베자마자 5분 만에 잠들어요."

○ "개운하게 자서 회사에서 확실히 업무 효율이 올라갔어요."

이와 같은 후기들은 강력한 구매 전환을 일으킬 수 있기에 상세페이지에 나오는 것이 좋습니다. 그리고 후기 영역은 디자인이 중요합니다. 중요한 후킹 문구는 더 강조되게 표시하는 것입니다. 후기 이미지에 들어가는 글의 가독성 또한 중요합니다.

후기 이미지 영역은 상세페이지 상단에서 중요한 영역에 해당하는데 단순히 고객이 남긴 후기를 캡처만 해서 넣는 분들이 있습니다. 그렇게 캡처만 해서 후기를 넣으면 글씨가 작아서 고객의 눈에 띄지 않기 때문에 고객이 보지 못하고 스크롤바를 훅 내려 버리겠죠? 상세페이지에서 중요한 글은 최대한 고객이 읽기 편하게 해주시는 것이 좋습니다. 후기 디자인을 하기 어렵다면 캡처한 후기의 중요한 부분에 밑줄을 그어 강조 표시를 해 주세요.

후기와 저작권

고객이 남긴 후기를 상업적으로 사용해도 될까요? 허락 없이 사용할 경우 저작권을 침해할 수 있습니다.

'한국 저작권 위원회'에서도 고객이 남긴 후기를 허락 없이 사용하면 안 된다는 답변이 왔습니다. 그런데 많은 판매자들이 후기를 허락 없이 사용하고 있습니다. 따라서 제품 체험단을 진행하더라도 '남겨주신 후기는 상업적 마케팅 용도로 사용할 수 있다' 라는 동의를 받고 체험단을 모집해야 합니다. 결론적으로 고객이 남기는 모든 후기는 꼭 사전에 사용 동의를 받아야 합니다.

4 객단가와 체류 시간을 늘리는 방법은?

메인 상품과 연관된 상품들을 관련 상품이라고 하며, 마켓마다 관련 상품 등록 방법은 다릅니다. 스마트 스토어의 경우 상세페이지 내부에 관련 상품 링크를 연결해서 관련 상품을 노출시킵니다. 쇼핑몰의 경우 관련 상품을 연결할 수 있는 부분이 관리자 페이지에 있습니다. 살펴봐서 해당 쇼핑몰 디자인에서 관련 상품이 하단에 노출되도록 되어 있는 경우, 꼭 상세페이지 상단이나 중간에 따로 관련 상품 링크를 걸어주시는 것이 좋습니다.

① 관련 상품을 노출하는 첫 번째 이유

관련 상품을 노출하는 첫 번째 이유는 **객단가를 높이기 위해서입니다.** 객단가란 고객 1인당 평균 매입액을 말합니다.

- 메인 상품 : 퀄팅 미니백
- 관련 상품 : 퍼 가방고리 / 뱀부 파우치
- 판매 문구 : 같이 구매하면 좋은 상품, 인기 상품 TOP3

이렇게 관련 상품을 노출한다면 메인 상품과 함께 관련 상품 구매를 유도해서 객단가를 올릴 수 있습니다.

▲ 관련 상품 1

② 관련 상품을 노출하는 두 번째 이유

관련 상품을 노출하는 두 번째 이유는 **고객 이탈을 방지하기 위해서입니다.** 고객 이탈을 방지한다는 것은 체류 시간을 늘린다는 뜻이기도 합니다. 만약 고객이 대표 이미지를 보고 구매를 하기 위해 상세페이지로 들어왔을 때 '어? 내가 원하는 제품하고 조금 다른데?' 라고 생각할 수도 있는데, 그러면 고객은 판매자의 스토어에서 나가게 됩니다. 이때 이탈을 막기 위해 관련 상품으로 비슷한 상품들의 링크를 걸어주는 것입니다.

- 메인 상품 : 쿼팅 미니백
- 관련 상품 : 로제 미니백 / 카우 미니백 / 셀럽백
- 판매 문구 : 혹시 찾으시는 상품이 이런 상품이신가요?

이렇게 비슷한 상품으로 관련 상품을 노출하면 고객이 계속 여러분의 스마트 스토어에서 이탈하지 않고 제품을 더 보게 되겠죠? 마음에 드는 제품이 있다면 구매를 할 수도 있습니다.

▲ 관련 상품 2

4~5년 전만 하더라도 온라인 마켓의 관련 상품은 상세페이지 하단에 노출되는 경우가 많았습니다. 그러나 최근에는 관련 상품을 상세페이지 상단이나 중상단에 노출시킵니다. 그 이유는 고객들이 상세페이지를 끝까지 보지 않기 때문입니다. 그렇기 때문에 관련 상품 이탈을 막는 용도로 노출하는 것이라면 객단가를 올리려는 목적의 관련 상품보다 더 위에 링크를 걸어 주는 것이 좋습니다.

5

잘 팔리는 상품 상세페이지 구성 방법은?

상세페이지의 핵심 전략은 매력 있는 타이틀과 효과적인 글쓰기로 장점을 노출하는 것입니다. 같은 장점을 설명하더라도 효과적으로 장점을 설명한 사람이 스마트 스토어에서 판매를 더 잘 할 수 있습니다. 오프라인 매장에서 제품을 판매할 때 "이 제품의 장점은 이거, 이거, 이거예요." 라고 판매자의 할 말만 지루하게 해서는 제대로 판매가 이루어지지 않을 것입니다.

내 제품이 있는 판매자 분들 대부분이 "제품은 정말 좋은데..." 라고 말합니다. 하지만 오히려 내 제품보다 좋지 않은 제품이 판매가 되는 경우도 있고, 똑같은 제품인데도 불구하고 경쟁사 물건이 더 잘 판매되는 경우도 있습니다. 그런 것을 보면 마음이 아프죠, 판매자 분들과 상품에 대한 이야기를 해보면 판매 상품의 장점과 고객의 이득을 말로는 잘 설명하는데, 글쓰기로는 표현을 못하시는 경우가 많습니다.

"이렇게 설명을 잘 하시면서 상세페이지에는 그런 내용을 왜 안 넣으셨어요?"라고 말하면 "아 그런가요?" 하면서 멋쩍어 하시는 분들이 많다는 이야기입니다. 오프라인에서는 고객을 상대로 판매를 잘 하는데, 글쓰기가 어려운 분들은 오프라인에서 제품 판매를 하는 것처럼 녹음을 한 뒤 그 내용으로 상세페이지 글을 써 보는 것도 좋은 방법입니다. 오프라인에서는 직접 상품을 볼 수 있고, 고객과 대화하며 판매가 이루어진다면 상세페이지는 상품을 볼 수 없고 글, 이미지 그리고 영상으로 제품을 보여주는 특징이 있습니다.

매력 + 신뢰

제품을 보고 만질 수 없기 때문에 고객의 의심은 더 심해지고, 그렇기 때문에 더욱 더 신뢰가 중요합니다. 하지만 고객은 믿음 하나만으로 제품을 선택하지는 않습니다. 고객은 매력있는 제품을 원하고 상세페이지에서 매력적인 부분을 보았을 때 '내가 고른 제품이 옳을 거야!', '이건 꼭 사야해!' 하고 비논리적 소비를 하는 경우도 있습니다. 따라서 상세페이지는 고객을 궁금하게 하는 매력 어필을 먼저 하고, 신뢰를 주는 부분을 노출해서 판매가 일어나게 해야 합니다.

이제 우리는 제품명과 장점만 나열하는 상세페이지에서 벗어나 매력과 신뢰를 주는 요소를 상세페이지에 넣어서 좋은 제품을 소비자에게 판매할 수 있는 판매자가 되어야 합니다. 따라서 상세페이지 영역은 아래와 같은 구조를 띄어야 합니다.

호기심 유발 영역

▼

확신 영역

▼

상세 정보 영역

– 호기심 유발 영역 : 호기심을 자극하는 타이틀 헤드라인을 작성하고 그 부분을 뒷받침하는 내용을 보여줍니다. 고객이 '어?' 하고 관심을 가질만한 문구를 작성해야 이탈 없이 상세페이지 확신 영역의 내용까지 읽어보게 됩니다.

– 확신 영역 : 고객의 신뢰도를 높이는 영역입니다. 제품의 탁월함을 보여줌으로써 구매의 확신을 갖게 합니다.

– 상세 정보 영역 : 고객이 최종 구매 결정을 하기 전 궁금해 하는 상세 정보를 제공합니다. 고객들 중 제품을 구매해야겠다는 확신이 어느 정도 있는 고객이 찾아서 보는 영역입니다.

(1) 호기심 유발 영역 : 강력한 헤드라인 카피의 힘!

여러분은 관심 있어 하는 사람이 어떤 행동을 했을 때 그 행동이 좋아 보였는데, 관심 없는 사람이 같은 행동을 했을 때 싫었던 경우가 있지 않으신가요? 관심 없는 사람은 아무리 "나좀 봐줘!" 라고 외쳐도 보기 싫고, 보더라도 더 흥미가 떨어질 수 있습니다. 그렇기 때문에 **판매자는 고객으로부터 관심과 호감을 먼저 얻어야 하며, 관심을 얻기 위해서는 우선 고객이 궁금하게 해야 합니다.**

이벤트, 후기를 제외하고 상세페이지 영역만 보았을 때 **구매의 90%**

는 상단 헤드라인 카피, 즉 타이틀 영역에서 일어납니다. 같은 상품을 판매해도 어떤 타이틀을 썼는지에 따라 매출액이 달라집니다. 고객은 자기도 모르게 이미 상단 타이틀에서 '이 제품은 사야해'를 결정한 후, 확신 영역에서 '맞아, 내 생각이 옳았어' 라고 생각하기 때문입니다.

글이 재미있고 흥미가 있어야 내 랜딩 페이지에서 오래 머무르며 체류 시간이 길어집니다. 머무는 시간이 길면 구매를 할 확률이 더 높아진다는 것을 의미합니다. 만약 경쟁 업체보다 내 상세페이지의 고객 체류 시간이 더 길다면 곧 경쟁에서 승리한다는 것을 의미합니다.

그러면 호기심을 불러일으키는 매력을 어떻게 보여줘야 할까요? 무조건 상품의 장점을 말하는 타이틀이어야 할까요? 이제부터 매력을 효과적으로 어필할 수 있는 방법을 알아보겠습니다. 아래 두 가지 타이틀을 한 번 읽어 보세요.

> ❶ 정말 맛있는 김씨네 해남 호박 고구마!
> ❷ 여러분 아직도 시중에 판매되고 있는 일반 고구마 드시고 계신가요?

❶번 타이틀보다는 ❷번 타이틀에 더 시선이 가지 않나요? 그 이유는 바로 궁금하게 하기 때문이죠. 첫 번째 타이틀에서 '김씨네'는 애플이나 삼성처럼 브랜드의 힘이 없습니다. 그러데도 불구하고 많은 판매자들

은 타이틀에 회사명이나 브랜드명, 그리고 제품명을 넣습니다. 첫 번째 타이틀에서 고객에게 그나마 어필할 수 있는 것은 '해남' 뿐입니다. 호박 고구마가 나는 유명 지역이기 때문이죠.

그러면 ❷번 타이틀에 조금 더 신뢰도를 보태보겠습니다.

> ❸ 여러분 아직도 시중에 판매되고 있는 일반 고구마 드시고 계신가요? 김씨네 고구마는 ○○성분이 많은 ○○토양에서 자라서 당도가 시중 고구마보다 더 높습니다.
>
> ❹ 여러분 아직도 시중에 판매되고 있는 일반 고구마 드시고 계신가요? 시중 고구마는 일반 토양에서 자라서 당도가 3.7% 정도입니다. 그러나 김씨네 고구마는 토양에 ○○성분이 많은 ○○에서 자라서 당도가 시중 고구마보다 1.5배 높습니다.

❸번보다는 ❹번이 시중 고구마와 김씨네 고구마의 차이를 좀 더 세세하게 비교했기 때문에 신뢰도를 줄 수 있습니다. 이와 같이 같은 상품이어도 다양한 타이틀이 나올 수 있으며, 단어 하나에 따라서 글이 갖는 힘이 달라져서 매출의 차이를 보이게 됩니다.

(2) 확신 영역

제품의 장점을 보여주고 실험 결과, 특허 인증 등 고객에게 신뢰와 확신을 주어야 하는 영역입니다. 확신 영역은 호기심 유발 영역보다 위에 나오지 않게 조심해야 합니다. 판매자의 성향에 따라서 믿음을 줄 수 있는 확신 영역이 위에 나오는 경우가 있는데 확신보다는 매력이 우선되는 상세페이지가 매출이 더 높습니다. 그래서 확신 영역은 호기심 유발 영역 다음에 나오는 것이 좋습니다.

고객을 어린 아이라고 생각하고 직관적이고 쉽게 설명하면 더 좋을 것입니다. 상품을 만지지도 보지도 못하는 고객들에게 그들의 의심을 걷어내고 확신을 가질 수 있도록 직관적인 사진을 많이 보여주고 세세한 설명이 필요합니다. 전문용어를 없애고 사람들이 무언가를 하도록 설득하거나 무엇을 구매하도록 설득하려면 그들의 언어를 사용해야 합니다. 고객이 주로 사용하는 언어(단어, 표현 등)를 이용하면 고객의 마음을 움직일 수 있습니다. 친절하고 쉽게 설명해서 체류 시간을 늘려야 합니다.

확신 영역이 호기심 영역 위에 나오는 예외의 경우가 있습니다. 신문, 방송 등의 미디어에서 제품의 문제를 제기해서 고객이 불안해 할 때입니다. 만약 미디어에서 침대 매트리스의 라돈 검출이라던가 참기름의 벤조피렌 검출 등의 뉴스가 나왔다고 가정해보세요. 그 제품을 판매하고 있는 판매자라면 우리 제품은 그렇지 않다는 것을 가장 먼저 노출해야 합니다. 만약 고객이 꼭 그 제품을 구매해야 한다면 뉴스에서 제기한 문제가 없는 제품을 찾을 것이기 때문입니다. 방송 이슈를 모르고 가만히 있다가는 매출량이 급격히 감소할 수 있습니다. 그래서 이런 경우에는 안전하다는 실험 결과 문서를 상세페이지 가장 상단에 넣어 주어야 고객이 안심하고 제품을 구매할 수 있습니다.

(3) 상세 정보 영역

성분, 사이즈, 원산지 등의 상품의 세부 정보가 나오는 영역입니다. 상품마다 고지해야 하는 '상품 정보 고지'가 법으로 정해져 있습니다. 상세페이지 내부에 직접 입력을 해도 되고, 스마트 스토어에서 상품 등록을 할 때 입력을 하는 방법도 있습니다.

기획 TIP **챗 GPT를 활용한 상세페이지 타이틀 만들기**

뤼튼은 한글형 생성 ai입니다. 상세페이지 타이틀을 작성하려고 하는데 너무 어려우신 분들에게 희소식이 있습니다. 챗 GPT를 사용하는 방법입니다. 제가 추천하는 서비스는 한글 생성형 ai '뤼튼'으로, ai와 채팅으로 상세페이지 타이틀을 쉽게 만들 수 있습니다. 자세히 정보를 제공하고 질문할수록 원하는 결과가 나옵니다. 처음부터 완벽한 답을 얻는 것보다 ai를 비서라고 생각하고 아이디어를 얻는 것이 좋습니다. 그래서 ai가 추천하는 타이틀을 그대로 사용하기 보다 제품에 맞게 수정을 합니다(뤼튼: https://wrtn.ai/).

1. ai 채팅 사용하기

뤼튼의 채팅 탭에서 질문을 작성합니다. 이때 GPT-3.5와 GPT-4 등을 선택할 수 있습니다. GPT-3.5는 빠르고 GPT-4는 더 자세한 답을 얻을 수 있습니다.

채팅을 통해서 '친환경 그립톡' 제품의 타이틀을 만들어 보았습니다. 질문 한 번에 원하는 답을 얻어야지 생각하기보다 질문을 여러 번 수정해 가면서 타이틀을 만드는 것을 추천드립니다.

2. 프롬프트 사용하기

처음에 채팅으로 어떻게 질문해야 할지 어려운 분들도 있을 텐데, 그런 분들을 위한 프롬프트가 있습니다. 채팅 템플릿이라고 생각하면 됩니다.

프롬프트에서 비즈니스 탭에 들어가면 '제품 설명 문구 작성기'가 있습니다. 프롬프트를 복사해서 나에게 맞는 글로 변경해서 입력하면 원하는 타이틀을 만들 수 있습니다. 이렇게 유용한 챗 GPT 다른 사람들보다 더 발 빠르게 사용하는 것이 좋지 않을까요?

'상품 정보 제공 고시'란 온라인 판매자가 소비자에게 제공하여야 할 상품 등의 정보에 관한 사항과 거래 조건에 관한 정보의 내용 및 제공 방법을 구체적으로 제시함으로써 소비자가 전자상거래 등을 함에 있어 합리적인 선택을 하도록 기여하고, 정보 부족으로 인한 소비자 피해를 사전에 예방하는데 그 목적이 있는 법 규정입니다. 네이버에서 '상품 정보 제공 고시'를 검색하면(https://www.law.go.kr/) 주소가 검색됩니다. 여기에서 상품별로 '상품 정보 제공 고시 항목'을 알 수 있습니다.

의류

1. 제품 소재 (섬유의 조성 또는 혼용률을 백분율로 표시, 기능성인 경우 성적서 또는 허가서)
2. 색상
3. 치수
4. 제조자, 수입품의 경우 수입자를 함께 표기(병행수입의 경우 병행수입 여부로 대체 가능)
5. 제조국
6. 세탁방법 및 취급시 주의사항'
7. 제조연월
8. 품질보증기준
   A/S 책임자와 전화번호

식품(농수축산물)

1. 품목 또는 명칭
2. 포장단위별 내용물의 용량(중량), 수량, 크기
3. 생산자, 수입품의 경우 수입자를 함께 표기
4. 농수산물의 원산지 표시에 관한 법률에 따른 원산지
5. 제조연월일(포장일 또는 생산연도), 유통기한
6. 관련법상 표시 사항
   농수산물품질관리법상 유전자변형농산물 표시, 지리적 표시
   축산법에 따른 등급 표시, 축산물이력법에 따른 이력관리대상축산물 유무
6-1. 농산물

6-2. 축산물

6-3. 수산물–농수산물품질관리법상 유전자변형수산물 표시, 지리적 표시

6-4. 수입식품에 해당하는 경우 '수입식품안전관리특별법에 따른 수입신고를
　　필함'의 문구

7. 상품구성

8. 보관방법 또는 취급방법

9. 식품 등의 표시 광고에 관한 법률에 따른 소비자안전을 위한 주의사항

10. 소비자상담 관련 전화번호

(2021. 01. 01. 기준으로 시행법 내용과 항목이 변경될 수 있습니다.)

상품 정보 제공 고시는 스마트 스토어에서 상품 등록을 할 때 직접 폼에 입력할 수 있습니다. 만약 상세페이지 내부에 작성했을 경우 '상품상세 참조로 전체 입력'을 체크하면 됩니다.

〈스마트 스토어 상품 정보 고지 영역〉

6

Q/A도 상세페이지다

Q/A 영역도 상세페이지입니다. 고객이 상세페이지 Q/A에 제품 문의를 남겼다면 아무 문의도 없는 상세페이지의 상품보다 다른 사람들이 관심을 보인 상품이라고 생각할 수 있습니다. 그래서 고객은 좀 더 궁금해 할 수 있습니다. 따라서 모든 상품은 아니더라도 주력 상품이라면 Q/A에 문의가 1~2개 남겨져 있는 것이 좋습니다. 그리고 자주 묻는 질문을 상세페이지에 넣는 것도 반복되는 CS를 줄여서 불필요한 업무 시간을 줄일 수 있습니다. 처음 스토어를 오픈하는 창업자라면 경쟁자의 Q/A를 참고해서 자주 묻는 질문을 만들어 볼 수 있습니다.

잘 팔리는 상세페이지 레이아웃을
꼭 기억하세요.

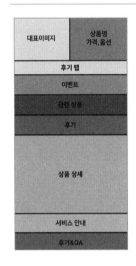

레이아웃 중에 상품 상세 부분의 내용이 아래와 같이 진행되면 고객의
흥미를 유발할 수 있습니다.

5장

매력과 신뢰를 주는
요소 4가지

상세페이지에서는 고객에게 매력과 신뢰를 주는 것이 중요합니다. 같은 장점을 노출해도 조금 더 매력 있게 장점을 노출하면 구매력 상승으로 이어질 수 있습니다. 상세페이지 요소를 보다 보면 매력과 신뢰를 같이 보여주는 요소도 있지만, 신뢰만 보여주는 요소도 있습니다. 이번 장에서는 상세페이지에서 매력과 신뢰를 줄 수 있는 요소들을 알아보도록 하겠습니다.

1 유명 인사의 등장과 PPL

만약 유명인 또는 인플루언서가 여러분이 판매하는 상품을 사용했다면? 인기 있는 드라마에 내 상품이 나왔다면? 이런 경우 상세페이지에 매력과 신뢰를 제대로 보여줄 수 있는 요소를 만들 수 있습니다. 유명인이 내 제품을 사용했다는 내용을 상세페이지 상단에 노출하면 구매 전환율이 높아집니다. 초상권 때문에 유명인 이미지를 상세페이지에 사용 불가능하다면 협찬으로 누가 착용했다거나 사용했다는 글만 작성해도 고객은 포털 사이트에서 그 사실이 맞는지 검색해보고 구매로 이어질 수 있습니다.

협찬도 마찬가지입니다. 제품이 방송에 노출되었던 장면을 상세페이지 상단에 넣어 주는 것도 구매 전환율을 높이는 방법입니다. 단지 유명인과 PPL은 구매 전환율을 높이는 좋은 방법이긴 하지만 비용이 많이 들어간다는 단점이 있습니다.

　수건이나 유니폼과 같은 상품은 오프라인에서 대기업과 거래하는 경우가 있습니다. 그럴 경우 이 사실을 무조건 상세페이지에 노출해야 합니다. ○○○기업, ○○○업체와 제품 거래, 또는 협력사로 표현할 수도 있습니다. 더 좋은 방법은 해당 업체에서 후기를 받아 이미지로 제작해 상세페이지 상단에 노출하는 것입니다.

2 내 제품의 전문가는
누구인가?

전문가의 인증 또는 전문가와의 인터뷰는 신뢰를 줄 수 있는 요소에 해당합니다. 따라서 여러분이 판매하려는 상품에 대한 권위자를 찾을 필요가 있습니다. 어떤 사람이 상품을 홍보하면 사람들에게 신뢰를 줄 수 있고 판매가 많이 되는지를 생각해 보아야 합니다.

운동 기구를 판매한다면 헬스 트레이너, 필라테스 강사가 될 수도 있고, 건강 식품을 판매한다면 의사, 운동 선수, 필라테스, 요가 강사 등이 될 수 있습니다. 또는 회사 내부에서 찾을 수도 있습니다. 상품기획팀 직원, 디자이너, 대표도 전문가가 될 수 있습니다. 자체 제작 상품을 만드는 대표 또는 디자이너라면 내가 전문가가 되어 Q/A 형식으로 상세페이지를 꾸며볼 수도 있습니다. 요즘에는 상세페이지에 직원 후기 또는 대표의 제품 개발 스토리가 들어가기도 하니까요.

주변에 전문가가 없다면 비용을 지불해서 전문가와 인터뷰를 진행할 수 있으며, 추가로 비용을 더 지불하더라도 전문가의 얼굴 이미지를 마케팅으로 사용할 수 있다면 사용하는 것을 추천 드립니다. 연예인 또는 전문가의 얼굴을 넣으면 글로 인터뷰한 내용만 넣는 것보다 신뢰를 줄 수 있습니다.

연예인이 상세페이지에 등장하면 전문가보다 비교할 수 없는 힘을 갖습니다. 연예인은 매력과 신뢰를 모두 갖고 있는 흔치 않은 요소이지만 전문가는 신뢰만 주기 때문입니다. 그래서 연예인이 제품을 사용했을 경우 상세페이지 상단, 전문가가 제품을 사용했을 경우나 제품에 대한 인터뷰를 했을 경우에는 상세페이지 중상단이나 중간 정도에 넣는 것이 좋습니다.

3
신뢰도를 더 높이기 위한
인증 요소는?

상세페이지의 신뢰도를 높이는 방법으로 인증 마크와 인증서보다 확실한 것이 없습니다. 인증서는 재료 인증서, 수입 인증서, 실험 인증서, 경력 인증서 등 수 많은 종류가 있습니다. 혹시 인증서가 없으신가요? 너무 걱정하지 않으셔도 됩니다.

여러분들은 온라인 창업을 시작하기 전에 '통신판매업 신고증'이란 것을 알고 계셨나요? 구매 안전 확인증은요? 판매보다는 구매를 주로 하는 일반 고객들은 이 문서를 알지 못할 확률이 높습니다. 통신판매업 신고증은 실제로 고객과의 안전 거래를 위해 사업자 분들이 시간을 내서 구청에 가서 받아오는 문서이기 때문에 상세페이지에 고객과의 안전거래를 위해 신고했다는 내용과 함께 인증서를 넣어줍니다.

이벤트와 마찬가지로 인증서도 경쟁사의 상세페이지 비교에서 밀리지 않으려고 넣는 이유도 있어서 보여주는 부분이 중요한 것이 사실입니다. 그래서 인증서가 없다고 단언하지 마시고 나와 경쟁사의 상세페이지가 같이 노출되었을 때 인증서가 없는 것보다 있는 것이 신뢰도를 주기 때문에 통신판매업 신고증, 구매 안전 이용 확인증, 교육 수료증 등이라도 꼭 넣어주시는 것이 좋습니다.

▲ 인증서 이미지

창업자 분들을 보면 "저희는 인증 마크가 없어요" 하는 경우가 있습니다. 그리곤 상세페이지에 아무런 마크도 넣지 않죠. 정말 방법이 없을까요?

▲ 인증마크

단순하게 생각하고 넣지 않는 요소들이 고객의 이탈을 만들어 내는 원인이 될 수도 있습니다. 만약 신뢰를 줄 수 있는 인증 마크가 없다면? 마크를 대신해서 포토샵이나 일러스트로 만든 아이콘을 넣어 줄 수도 있습니다. 이런 아이콘들이 신뢰도를 만듭니다. 그리고 도형 안에 글씨를 쓰는 방법도 있습니다. 도형 안에 쓴 글씨는 마크처럼 보이기도 합니다. 절대 마크를 도용하라는 말이 아니라 신뢰를 주는 디자인을 하는 방법을 알려드리는 것입니다.

▲ 아이콘 이미지

미디어의 힘을 활용하라

미디어의 힘을 이용하여 신뢰도를 높일 수도 있습니다. 다른 판매자의 상세페이지에서 뉴스 기사 캡처, 방송 영상이나 영상 캡처를 본적이 있으신가요? 온라인 판매자는 고객과 만날 수 없습니다. 한 번도 만나본 적 없는 판매자가 상품의 장점이나 문제점 등을 상세페이지에 구구절절이 이야기하는 것보다 관련 뉴스를 노출해서 상품의 장점 및 여타 문제의 심각성을 나타내면 고객은 더 신뢰를 가질 수 있습니다. 미디어는 문제뿐만 아니라 장점을 더 부각시킬 수도 있습니다. 종종 TV에 나온 건강 식품이 그날 마트에서 품절되는 것을 본 적 있으실 겁니다.

　뉴스와 방송 영상은 분명 상세페이지 기획에 도움이 되며 매출을 높이는 요소이기는 하지만 저작권과 초상권 문제가 발생할 수 있습니다. 뉴스나 방송 이미지를 상세페이지에 사용하고 출처를 남긴다고 해서 저작권 문제가 해결되는 것은 아닙니다. 여러분이 공들여 만든 상세페이지를 누군가가 사용하고 덩그러니 출처만 남겨 놓으면 안 되는 것과 같습니다. 따라서 꼭 원하는 경우 필요한 뉴스를 구매해서 사용하는 방법이 있습니다.

뉴스 저작권 지키기

❶ 뉴스 저작권 신탁 관리 단체인 '한국언론진흥재단'과 뉴스 저작물 이용 계약 체결을 합니다.

❷ 각 언론 매체와 직접 뉴스 컨텐츠 사용 협정 계약을 합니다.
　– 언론사마다 전자 스크랩 프로그램을 통해 사용 가능
　– 언론사에 직접 뉴스 저작물 활용 신청
　– MBC 영상 자료 구입 안내
　– MBC 아카이브 영상 자료 구입 가능
　– 초상권은 직접 초상권자의 동의를 얻어야 합니다.

❸ **뉴스토어 :** 기사 검색 및 뉴스 원문 다운로드가 가능합니다.

〈뉴스토어〉

뉴스 기사의 출처를 밝히고 이용했다 하더라도 언론사의 허락 없이 기사를 인터넷에 게시하는 것은 '무단전재'로 불법 이용에 해당합니다.

단순 링크 – Simple Link
1. 단순 링크란 링크를 원하는 웹사이트의 메인 페이지(홈페이지 또는 초기화면)를 링크하는 것을 말하며, 이용자는 디지털 뉴스 콘텐츠를 제공하는 웹사이트를 단순 링크하는 방법으로 자유롭게 이용할 수 있습니다.
2. 1개 언론사의 홈페이지 또는 초기화면을 링크의 방법으로 연결하는 경우는 물론, 여러 개 언론사의 홈페이지를 하나의 웹사이트에 나열하는 방법으로도 자유롭게 이용할 수 있습니다.

직접 링크 - Deep Link

1.
직접 링크란 영어의 'Deep Link(딥 링크)'를 쉽게 표현한 것으로, 특정 웹사이트의 메인 페이지(홈페이지 또는 초기화면)를 링크한 것이 아니라 그 하위 페이지나 특정 웹페이지, 특히 개별 뉴스나 사진을 직접 링크한 경우를 말합니다.

2.
현재까지는 직접 링크도 저작권법상의 복제·전송에는 해당되지 않는다는 것이 법원의 판단이지만, 직접 링크를 업무 또는 상업적으로 이용하여 경제적 이득을 취했을 경우에는 민법상 부당이득, 불법행위 등을 이유로 손해배상 책임을 질 수 있습니다.

1) 직접링크의 적법성 문제와 그로 인해 발생한 경제적 이익의 문제는 별도로 볼 수 있습니다.
2) 만일 링크 자체는 적법하지만 여러 언론사의 기사를 업무적 또는 상업적으로 이용해서 경제적 이익(영리)를 추구했다면, 민법상 부당이득, 즉 '법률상 정당한 원인 없이 타인의 재산이나 노동력을 이용해 재산적 이익을 얻고 상대방에게 손실을 준 것'에 해당될 수 있습니다.

※ ISP(Internet Service Provider. 인터넷 서비스 제공자)가 제공하는 유료 서비스(온라인 게시판 등)의 경우, 위의 상업적 이용에 해당될 수 있으며, 저작권자의 이용 허락 없는 상업적 목적의 이용 행위는 엄격히 금지됩니다.

3) 직접 링크의 업무적·상업적 이용 사례
① 외부 업체(홍보 대행사 등)를 통해 직접 링크를 활용한 온라인 게시판 서비스를 제공받고 있는 경우
② 직접 링크 방식으로 해당 기관(회사)의 관련 기사를 모아 사내 게시판 또는 홈페이지에 게시한 경우
③ 직접 링크 방식으로 기사를 모아 제공하고, 이를 통해 경제적 이익을 취한 경우(예. 온라인 뉴스 게시판 상품 판매)

매력과 신뢰를 주는 요소 4가지

① **유명 인사의 등장과 PPL** : 내 제품을 유명한 사람이 사용했거나 PPL로 방송에 노출되었다면 캡처해서 상세페이지 상단에 노출 (초상권으로 노출 불가 시 사용했다는 내용을 글로 공지)

② **전문가와의 인터뷰** : 고객은 일반인이 하는 말보다 전문가의 말을 더 신뢰함

③ **인증 마크와 인증 서류** : 인증 마크가 없다면 아이콘, 인증 서류가 없다면 통신판매업 신고증 또는 수업 수료증과 자격증 등 노출

④ **상세페이지 디자인 기획** : 기획을 뒷받침하는 디자인인가?

⑤ **뉴스와 미디어의 사용** : 문제 제기와 장점을 부각시키는 데 효과가 좋음(저작권, 초상권 주의)

6장

구매 버튼을 클릭하게 만드는 11가지 방법

대부분의 판매자들은 고객에게 제품을 더 많이 판매하고 매출을 내고 싶어 합니다. 그래서 판매하는 제품의 장점 몇 가지를 상세페이지에 쭉 나열해 버리기도 합니다. 하지만 이런 평범한 글쓰기 방법으로는 판매가 되지 않습니다. 왜냐하면 경쟁자들은 이미 고객을 끌어들이는 흡인력이 높은 글쓰기를 하고 있어서, 경쟁자의 상세페이지와 비교했을 때 여러분의 상세페이지가 매력이 없기 때문이죠. 그럼 어떤 글들이 고객의 마음을 사로잡고 지갑을 열게 할까요? 이번 장에서는 고객이 구매 버튼을 클릭하게 하는 11가지 글쓰기 방법을 알아보도록 하겠습니다.

1 문제를 팔아라

고객이 지갑을 여는 첫 번째 글쓰기 방법은 '문제를 팔아라!'입니다. 사실 고객에게 특정 상황에 대한 문제점을 제기하고 불안감을 조성하는 것은 조심스러운 기획 방법이기는 하지만, 많은 기획자들이 사용하는 기법으로 구매 전환율이 높은 방법입니다. 이 방법의 사용 여부는 판매자 분들의 선택이지만 **타겟에게 문제를 제기하는 상세페이지 타이틀을 작성하고 광고를 하면 다른 타이틀보다 구매 전환율이 높을 수 있으니 꼭 기억하세요.**

예를 들어 TV에 나오는 세탁 세제 광고를 보면 아이가 하얀 옷에 음식을 흘리거나, 누렇게 변색된 옷들이 상품의 장점보다 먼저 등장합니다. 그리고 판매 상품인 세탁 세제가 등장하며 문제를 해결합니다. 여행지 숙박 어플 광고는 사람들이 가득한 출근 버스 안에서 답답한 상황을 보여주고 '도망가자' 라는 음악과 함께 여행 영상이 나옵니다. 먼저 문제를 제기하고 상품이 문제를 해결하는 것을 보여줍니다.

또 다른 TV 광고 예를 들어볼까요? 예전에 방영했던 애플 광고를 보면 요리하는 사람이 나와서 요리할 때 아이폰은 젖지 않는다는 방수의 장점을 보여 줬습니다. 제품 기능을 광고했죠! 그런데 지금 애플 워치 광고를 보면 사고를 당한 차에 물이 차오르고 있고 애플 워치가 구조를 기다리는 사람의 위치를 알려줍니다. 이 차 주인은 결국 구조가 됩니다. 애플 워치 덕분에 생명을 구했고, 사람의 생존에 관련된 강한 니즈를 이끌어냅니다. 사람들은 방수 기능보다 생명에 관련된 욕구가 더 크기 때문에 이런 글쓰기 방식은 제품을 더 구매하고 싶도록 욕구를 이끌어냅니다.

고객이 불안한 이유는 제품을 실제로 사용하면서 겪었던 직접적 경험과, 인터넷이나 미디어를 통한 간접적 경험을 통하여 알고 있는 것들이 많아져서입니다. 따라서 우리는 상품 판매를 위해 고객이 갖고 있는 문제점을 파악할 필요가 있습니다. 무작정 판매하고 싶은 마음만 앞서서 **제품 설명에만 집중하는 것이 아니라 내 고객은 누구이며 '그들은 무엇을 걱정할까?' 와 같이 고객 중심으로 생각해야 합니다.** 이처럼 고객의 문제를 제시하고 해결해주는 글쓰기 방법으로 타이틀을 작성하면 구매 전환율을 높일 수 있습니다. 특히 생활 용품, 식품, 화장품, 기능성 제품, 안전 관련 제품 등은 구매 버튼을 누르게 할 확률이 높습니다. 하지만 문제점을 발견했다고 해서 기획을 잘 하는 것은 아닙니다. 잘못하면 착한 기획으로 갈 수 있기 때문이죠. 두 가지 문구를 한번 볼까요?

판매자의 문제 : 매출이 나지 않는 것

- 타이틀1 : 여러분! 판매 잘하는 판매자로 만들어 드리겠습니다.
- 타이틀2 : 당신의 상품이 10페이지에 뜨는 이유

어떤 문구가 더 와 닿나요? '타이틀1'은 착한 기획 문구입니다. 문제점을 파악하기는 했지만 흥미를 끌 수 있는 힘이 없습니다. 그에 반해 '타이틀2'는 문제를 제시해서 첫 번째 문구보다 고객의 눈길을 끌 수 있습니다. 사람은 내가 가진 것보다 잃은 것, 긍정적인 일보다 부정적인 일에 더 집중한다고 합니다. 두 번째와 비슷한 문구로 '당신이 평생 2등인 이유'와 같이 순위를 쓸 수도 있습니다.

유튜브 썸네일 어그로라고 들어보셨나요? 유튜브 썸네일에도 불안하게 하는 타이틀을 넣기도 합니다. 일단은 흥미를 끌어야 사람들이 영상을 클릭해서 보기 때문입니다. 다만 주의할 것은 관심을 끌어 영상을 클릭했는데 영상 내용이 좋다면 시청자가 욕을 하지 않지만, 어그로만 끌고 영상 내용이 좋지 않다면 욕을 먹습니다. 그래서 이런 방식은 좋은 상품을 판매하고 있을 때 좋은 상품을 고객들이 사용하게 하기 위한 글쓰기 방법이라고 생각하면 좋을 것 같습니다. 상품이 좋으면 욕을 먹지 않는다는 평범한 사실을 이용하는 것이지요. 그러면 샤워 필터를 판매한다고 가정하고 고객이 느끼는 문제점과 타이틀을 생각해 볼까요?

다파라 샤워 필터!
촘촘한 필터 구멍이 모든 불순물을 걸러줍니다.

이 타이틀은 평범하기도 할 뿐만 아니라 도대체 타겟이 누구인지도 알 수 없습니다. 그렇다면 '불안감을 팔아라!' 라는 문제점을 제시해서 매출이 발생하도록 바꾸어보도록 합니다. 다음 내용을 살펴보세요.

> 우리 아이가 씻는 물이 녹물이라니!
> 알고 계셨나요?
> 우리가 사용하는 물은 오래되고 녹슨 수도관을 통해
> 샤워기로 나옵니다.

주부를 타겟으로 하여 작성한 타이틀입니다. 문제점을 제기한 뒤 그에 맞는 이미지를 넣어 주겠다는 기획입니다.

이번에는 실제 성공한 생활용품 쇼핑몰 판매자의 타이틀과 후킹 문구를 칫솔 살균기에 인용해 보았습니다.

> • "칫솔 속 세균이 변기의 약 100배! 알고 계셨나요?"
> • "우리는 세균으로 양치를 하고 있던 꼴"
> • "입병의 적! 칫솔 속 박테리아"

국내 해외를 통틀어서 소비자들은 세균에 민감합니다. 즉, 대부분의 사람들은 건강과 안전에 민감하다는 이야기죠. 상세페이지 강의 수강생인 '실리블'의 스마트 스토어 매출액을 보면 한 가지 상품으로 3개월간 매출액 '약 8,000만 원'을 달성했습니다. 상세페이지 타이틀을 문제 제기 방법으로 작성했고, 잘 팔리는 상세페이지 기획서를 작성한 덕분입니다.

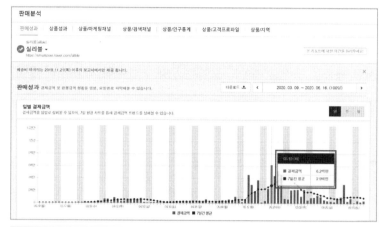

날짜 ▾	요일	결제			배송
		결제금액 ❓	모바일비율 ❓ (결제금액)	결제당 ❓ 결제금액	배송비 ❓
전체	전체	78,899,100	35%	52,010	3,395,000
2020-06-16	화	423,500	60%	32,577	27,000
2020-06-15	월	253,300	84%	21,108	33,000
2020-06-14	일	448,100	65%	40,736	24,000
2020-06-13	토	144,200	49%	24,033	20,000
2020-06-12	금	795,700	78%	46,806	36,000
2020-06-11	목	319,200	20%	35,467	18,000
2020-06-10	수	3,077,600	19%	90,518	81,000
2020-06-09	화	1,031,900	39%	49,138	48,000
2020-06-08	월	774,700	74%	45,571	27,000
2020-06-07	일	257,800	93%	23,436	33,000
2020-06-06	토	337,700	91%	25,977	36,000
2020-06-05	금	434,200	54%	33,400	30,000
2020-06-04	목	561,800	95%	25,536	60,000
2020-06-03	수	1,053,000	85%	36,310	72,000
2020-06-02	화	1,276,900	45%	42,563	57,000
2020-06-01	월	970,400	43%	26,227	90,000

▲ 스마트 스토어 매출 상승 그래프

소비자들은 안전에 관련된 제품은 무조건 저가의 제품만 찾는 것이 아니라 어느 정도의 비용이라도 기꺼이 지불할 준비가 되어 있습니다.

그리고 자신의 소중한 아이와 관련된 제품도 마찬가지죠. 우리가 일상생활을 할 때 닥치는 문제가 클수록 해결되었을 때 기쁨과 만족감이 큰 것처럼 제품을 구매할 때에도 보이는 문제가 클수록 제품이 더 좋아 보이며 고객은 지갑을 쉽게 열어 버리게 됩니다.

이처럼 경쟁자들은 상세페이지에 강력한 타이틀을 사용하고 있습니다. 그러한 타이틀 모두 불안감을 유도하는 상세페이지입니다. 다만 의류, 악세서리 등과 같은 제품들은 성격이 다르기 때문에 불안감을 유발하는 타이틀을 사용하지는 못하지만, 아래와 같이 상세페이지 중간 중간에 고객이 겪었던 문제들을 써 줄 수 있습니다.

◆예시◆

○ 겨드랑이가 꽉 끼는 나시 입어보셨죠? 겨드랑이에 자국나고, 입고 있으면 불편하고, 저희 제품은 신축성이 좋아서 기존 제품보다 많이 늘어나고 겨드랑이가 쪼이지 않아요!

○ 여름 치마를 샀는데 다 비친다? 기존에 많은 치마들이 비침이 있는데 저희 제품은 안감이 있어서 비치지 않습니다.

대부분의 사람들은 옷에 안감이 있으면 덥다는 생각이나 경험이 있기 때문에 '안감이 있어도 시원해요!' 라는 문구 또는 후기를 넣어주는 것도 좋습니다.

'문제를 팔아라!', 즉 '불안감을 팔아라!'를 꼭 명심하세요. 단, 상세페이지 기획에서 주의할 점은 고객에게 불안감만 주고 끝내서는 안 된다는 것입니다. 곧바로 내 제품이 해결책을 줘야 하며, 고객이 그 해결 방법을 쉽다고 느껴야 구매가 일어날 수 있습니다. 정리해보면 **단순히 장점만 나열하는 것이 아닌 문제를 제기한 후에 해결 방법을 제시하는 방식으로 타이틀을 작성하는 것이 좋습니다.** 문제 없이는 해결과 만족도 없다는 것을 명심하세요.

희소성이란 매우 드물고 적은 특성을 가리킵니다. 경제학에서 의미하는 희소성은 인간의 욕구는 무한한데 비해 이를 충족시켜 줄 자원은 부족한 상태를 의미합니다. 희소성 때문에 누구도 원하는 것을 모두 다 가질 수는 없으며, 인간은 희소성 속에서 살아가게 됩니다.

희소성은 상대적인 특성을 가집니다. 희소성은 단지 자원의 양이 절대적으로 많고 적음에 따라 결정되는 것이 아닌, 인간의 욕구나 필요에 비해 자원이 상대적으로 부족할 때 나타납니다. 따라서 자원의 양이 많더라도 희소성이 높을 수 있고, 반대로 자원의 양이 적더라도 희소성이 없을 수 있습니다. 예를 들어 일 년 내내 무더운 열대 우림기후 지역에서는 방한복을 구하기는 어렵지만, 그렇다고 해서 희소성이 있다고 하기는 어렵습니다.

희소성의 원칙은 더 갖고 싶게 만들 수 있습니다. 사람들은 원하는 것을 가질 수 없다면 갑자기 더 원하게 됩니다. 원하던 물건이 아니더라도 갖지 못한다고 생각하면 불안감이 들게 됩니다. 또한 당신이 갖고 있는 물건을 누군가가 가져간다고 생각했을 때 그 물건이 더 소중해 지는 것입니다. 로미오와 줄리엣의 사랑이 극에 달하는 세기의 로맨스가 된 것도 가족이라는 서로에 대한 장애물 때문이라고 말하는 사람들도 있습니다. 스타벅스 레디백, 한정판 신발, 명품백을 줄을 서서 구매하는 것도 시장에 그 제품이 많다면 사람들은 더 원하지 않을 수 있습니다.

> **희소성 : 기한과 재화의 부족**
>
> – 제품 : 한정 판매, 오늘 하루 특가, 선착순, 기간과 인원 개수 한정
> – 유학회 : 지금 즉시 계약하면 4,000만 원 ➜ 2,000만 원!
> – 부동산, 모델하우스 : 지금 계약 안하면 바로 다른 사람이 계약합니다.
> – 유튜브 썸네일 : 이 영상은 5일 후면 삭제됩니다.

2
○○을 불러라

어떻게 하면 상세페이지에서 공감을 일으킬 수 있을까요? 고객이 '아, 맞아. 나도 이렇지!' 라고 공감하게 하려면 타겟을 상세페이지에 직접적으로 써보세요.

◆ 예시 ◆

○ 운동선수 전용 ○○ 크림

○ 주부 전용 ○○ 크림

○ 임산부 전용 ○○ 의자

○ 웜톤 전용, 쿨톤 전용 : 웜톤 블러셔 찾으시나요?

○ 학교갈 때 바르는 핸드크림이 화학품 덩어리라니! 알고 계셨나요?

우리가 앞서 배웠던 후기 이미지에서도 타겟을 지칭할 수 있었습니다. 다음과 같이 타겟이 공감할 수 있는 관련 글을 표현합니다.

○ "부모님께 선물 드렸더니"
○ "회사에 출근할 때"
○ "제가 여드름이 나는 민감성 피부인데"

상세페이지에 '이런 분들에게 추천합니다.' 라는 문구도 타겟을 부르는 문장이지만, 타이틀로 사용되는 것은 좀 약하다고 할 수 있습니다. 대신 이 부분은 타겟을 넓고 다양하게 작성할 수 있도록 해줍니다.

3

반복 또 반복하라

앞서 이야기 했듯이 많은 업체들은 제품을 팔고 싶은 욕심만 앞서 수많은 장점을 상세페이지에 나열하는 오류를 범하곤 합니다. 하지만 이러한 방법은 반복법만큼 효과적이지 않습니다. 고객에게 매력을 어필하려면 장점 여러 가지를 나열하기보다는 특별한 장점 1~2가지를 반복하는 것이 좋습니다. 이때 작은 사이즈의 글씨를 반복하면 반복하는 의미가 없으므로 **반복할 단어나 문장은 글씨 사이즈를 크게 적용하는 것이 좋습니다.**

◆ 예시 1 ◆

저희 제품은 무농약으로 재배한 친환경 제품입니다.
그래서 더 맛있고 건강에도 좋습니다.
이번 해에 날씨가 좋아 자두의 상태가 최상입니다.
의성에서 제일 유명한 제철 자두로 사이즈도 크고 맛있습니다.

무농약
무농약
무농약

무농약인지 꼭 확인하세요!
친환경 제품인지 꼭 확인하세요!
국내산인지 꼭 확인하세요!

'꼭 확인하세요'와 같은 글을 반복하면 표면적으로는 고객에게 경각심을 주는 것 같지만 경쟁자를 간접적으로 공격할 수도 있습니다. 즉 '우리 장점은 이런 것인데 경쟁자의 상세페이지에서 이 부분을 꼭 확인하세요. 없다면 사지마세요.' 라고 말하는 것과 같습니다.

광고 속 반복법

TV 광고에서도 반복법은 자주 등장합니다. 아래 두 가지 예시 모두 반복법을 사용했지만 장수 돌침대의 경우는 평점을 반복해서 신뢰도 높이는데 초점을, 야놀자는 '야놀자 테크놀로지'를 반복해서 브랜딩을 높이는데 초점을 맞추고 있습니다. 광고를 못보신 분들은 아래 QR 코드로 들어가셔서 유튜브로 한번 보셔도 좋을 것 같습니다.

 장수 돌침대 :
https://www.youtube.com/watch?v=tFl0iYW2cxs

 야놀자 :
https://www.youtube.com/watch?v=yfsQXyTGoiY

• **장수 돌침대**

이 광고는 '후꾸후꾸'와 '별이 다섯 개' 라는 단어를 계속 반복합니다. 제품의 장점보다 후기를 반복한 광고입니다. 개인적으로 귓가에 '별이 다섯 개'가 한참을 맴돌았던 광고입니다.

• **야놀자**

이 광고를 아시나요? '야놀자 테크놀로지' 라는 문구를 반복하는 브랜드 광고입니다. 이 광고도 한동안 귓가에 맴돌았던 반복법을 사용했던 광고입니다.

4 평서문보다 ○○법을 사용하라

여러분은 자기 말만 하는 사람을 좋아하시나요? 그런 사람과 대화하다 보면 궁금하지도 않은 정보를 계속 받아들이는 게 피곤해지죠? 온라인 상세페이지도 마찬가지입니다. 피로도를 주는 일방적인 상세페이지가 아닌 고객에게 물어보는 형식의 상호형 상세페이지를 만들어보면 어떨까요? 의문법은 상세페이지에서 혼잣말을 하는 상세페이지가 아닌 묻고 답하는 형식을 사용합니다.

◆ 예시 1 ◆

○ 문제 제기(의문문)   욕실 선반
　　　　　　　　　　　　떨어질까 불안하지 않으신가요?

○ 문제 제기(평서문)   일반 욕실 선반은 무게를 견디지 못하고 떨어질 수
　　　　　　　　　　　　있습니다.

○ 해결(자사 상품)   특수 고정 욕실 선반!
　　　　　　　　　　　　볼링공으로 내려쳐도 안 떨어져요~

'예시1'과 '예시2' 모두 의문문 타이틀로 작성했습니다. 특히, 묻고 답을 바로 하는 것이 아니라 의문문 뒤에 일반 욕실 선반, 주방 세제와 같이 비교법도 적용해서 문장이 더 단단해 보입니다.

네이버 스마트 스토어 푸드 윈도우는 네이버에서 정해진 상세페이지 틀을 제공합니다. 틀의 형식은 '예시3'처럼 의문법을 사용하고 있습니다. '누가 만드나요?', '어디서 만드나요?', '맛있게 먹는 법은요?' 와 같은 소제목에 답변의 형태로 판매자가 내용을 작성합니다. 그래서 고객이 의문문을 읽고 상품이 궁금해지면 답변하는 형식으로 판매가 이루어지는 글쓰기입니다.

초기에 윈도우에 진입했던 판매자들은 정해진 틀이라서 이런 글쓰기 방식이 평서문보다 판매가 더되는 방법인 줄 모르고 상세페이지를 작성했을 겁니다. 이렇게 하면 다른 일반적인 상세페이지와 같이 노출되었을 때 판매가 더 잘되었을 수 있습니다. 그런데 현재 윈도우에 진입하는 후발 판매자들은 기존의 윈도우 제품을 이길 수 있는 기획을 하기 어렵습니다. 왜냐하면 정해진 틀을 벗어나게 기획할 수 없기 때문이죠.

실제로 제가 강의를 하기 위해 의성에 갔을 때 농장 분들의 고민이 이 부분이었습니다. 그래서 윈도우보다 일반 스마트 스토어에서 기획을 해서 판매하는 것을 더 집중하는 분들이 계셨습니다. 내가 원하는 형식으로 기획을 할 수 있기 때문입니다.

5
숫자를 사용하라

우리가 말을 할 때에는 수많은 형용사를 사용하는데요. 애매모호한 단어보다 숫자를 사용하면 사람들이 문장을 이미지로 시각화할 수 있고 더 정확하게 인지할 수 있습니다. **숫자는 구체성과 정확성, 신뢰성을 보여 줍니다.** 그렇기 때문에 상세페이지에서 형용사적인 표현을 숫자로 바꿔주는 것이 문장에 힘과 신뢰성을 부여합니다. 하지만 대다수의 문장에 숫자가 들어가면 숫자 부분이 강조가 덜 되기 때문에 중요한 부분에만 수치법을 사용해 주는 것이 좋습니다.

◆ 예시 ◆

○ 화제의 칫솔 살균기 15차 완판!

○ 제품 만족도 98%, 재구매 희망 95%, 지인에게 추천 희망 92%

○ 스마트 스토어 평점 4.8점

○ 칫솔 속 세균은 변기의 약 100배!

"촘촘한 필터 구멍이 모든 불순물을 걸러줍니다."

이 문장을 헤드라인 타이틀로 사용한다면 호기심을 유발하기에 약한 문장입니다. 하지만 상세페이지 중간 부분쯤에는 들어갈 수 있는 문장입니다. 어떻게 하면 제품의 장점을 더 부각되게 전달할 수 있을까요?

"500만 개의 필터 구멍이 99.9% 불순물을 걸러줍니다."
(녹, 염소, 철 등등)

문장을 수치법으로 변경해 보았습니다. '모든'이라는 관형사도 명확하게 작성해 주면 좋습니다. 하지만 문장이 길어지기 때문에 주제 문장 아래에 작성하고 글을 뒷받침할 수 있는 실험 인증서를 보여주면 고객 분들이 구매에 확신을 가질 수 있습니다.

기획이야기

남성 기능성 의류와 잡화를 판매하는 '칸투칸'이라는 쇼핑몰이 있습니다. 이 쇼핑몰은 일반 쇼핑몰보다 숫자를 많이 활용하고 있습니다. 우선 쇼핑몰 메인 화면에서 누적 매출액을 볼 수 있습니다. 이렇게 하는 이유는 고객이 메인 화면의 누적 매출액을 보고 이 업체를 신뢰하도록 하는 것입니다.

그리고 상세페이지를 보면 상세페이지 상단에서 다음과 같이 순 마진을 알려주는 문장을 볼 수 있습니다.

"여러분 순 마진을 노출하는 쇼핑몰 본 적 있으신가요?"

고객은 매우 다양하기 때문에 순 마진을 보면서 믿는 사람도 있을 것이고 믿지 않는 사람도 있을 것입니다. 사실 그 진실을 알 수는 없지만, 순 마진을 노출하는 부분이 없는 것보다는 있는 것이 고객에게 투명성을 보여주기 때문에 신뢰도를 갖게 하려는 기획 의도로 보입니다. 고객은 비싼 제품을 구매하기 싫어한다기보다는 바가지를 쓰는 것이 싫은 것이죠. 칸투칸은 이렇게 순 마진을 공개함으로써 고객에게 신뢰도를 얻고 칸투칸의 '진정성', '투명성'이라는 소구를 증명하고 있습니다.

〈칸투칸〉

6
비교법을 사용하라

글을 작성할 때 비교를 하면 기준이 생기기 때문에 인지를 더 정확하게 할 수 있습니다.

- A. 전기줄에 새가 많이 있어.
- B. 전기줄에 새가 10마리보다 많이 있어.

- A. 수영장이 컸어.
- B. C 수영장이 D 수영장보다 컸어.

A보다 B 문장이 좀 더 전달력이 있어 보이죠? 사람이 생각하는 '많다', '적다', '크다', '작다'의 기준은 다릅니다. 상세페이지에서 상품의 장

점을 입력할 때 이렇게 기준이 있다면 어떨까요? 상세페이지에서는 비교를 해야 합니다.

상품을 비교해야 하는 이유는 장점이 더 빠르고 강하게 인식되기 때문입니다. 확실한 비교 대상으로 상품이 가진 장점을 시각적으로 보여줄 수 있어서 정확하게 장점이 표현된다는 것이죠. 이런 비교법을 통해 경쟁사를 이길 수도 있습니다.

◆예시◆

○ A. ○○○ 바이러스 페이스쉴드로 100% 차단!

○ B. 마스크만으로 ○○○ 바이러스 차단 불가. 페이스쉴드로 100% 차단!

B 문장은 마스크와 비교를 했습니다. 이 외에도 비교는 다양하게 할 수 있습니다.

◆예시◆

○ 외국산 / 국내산

○ 타사 / 자사

○ 이동형 / 고정형

○ 일반 나무 / 자작 나무

○ 시중 것 / 내 것

○ 하급, 중급, 상급

○ Best 상품 / 일반 상품

○ 실험 비교 등

▲ 상급, 중급, 하급 비교(출처 : 미리캔버스)

7 if법을 사용하라

예전에 인스타그램 라이브 방송에서 피부 톤과 잡티를 커버해주는 화장품을 판매하고 있는 것을 보았습니다. 모델이 술을 한잔 마신 뒤 얼굴 전체가 빨개졌고, 이어서 판매하는 화장품을 얼굴의 반쪽에만 바르기 시작했습니다. 그랬더니 화장품을 바른 얼굴의 붉은색이 완벽하게 커버가 되었습니다. 사용 전, 사용 후의 극적인 효과를 확실하게 보여준 것이죠.

TV 다이어트 프로그램 광고에도 이런 Before & After 기법을 많이 사용합니다. 실제 다이어트 프로그램 광고에 연예인이 프로그램을 통해 살을 뺀 다음 모델로 나오는 경우도 Before & After입니다.

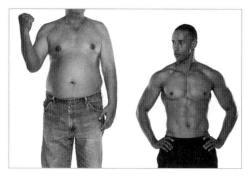

▲ 다이어트 프로그램 전후 이미지

TV 광고처럼 상세페이지에 Before & After를 영상으로 넣어도 되지만 영상은 고객이 클릭하지 않을 수도 있습니다. 그래서 TV에 나오는 광고의 Before & After 기획을 응용해서 상세페이지에 글 또는 이미지, 움직이는 이미지로 보여줄 수 있습니다. **고객은 '만약 이 제품을 사용하면 이렇게 달라지게 될 거야' 라는 기대감을 갖고 제품을 구매하기 전에 이미 제품 사용 후의 행복함을 느끼고 구매를 하게 될 것입니다.**

또한, If법은 사용 후기 글과 후기 이미지로 보여줄 수도 있습니다. 일반적인 후기보다 고객이 원하는 니즈를 달성한 포토 후기와 후기글로 고객의 마음을 얻을 수 있고, 구매를 촉진시킬 수 있습니다.

◆예시◆
○ "이 크림 바르면 자고 일어나도 촉촉함이 유지되요."
○ "하체 통통족인데 이 청바지 입으면 친구들이 날씬해 보인대요."

8 CTA로 고객의
직접적인 행동을 일으켜라

CTA란 마케팅 용어로 'Call To Action(콜투액션)'을 말합니다. 우리가 원하는 고객의 행동을 직접적으로 말하는 방법입니다. 대부분의 사람들은 자신이 할 행동을 누군가 결정해 주는 것을 좋아합니다. 특히 선택지가 많다면 말이죠. 따라서 고객의 반응을 유도하는 행동과 요소를 기획합니다. 쇼핑몰에서 보이는 배너, 구매 버튼, 링크 등도 CTA 요소입니다. 포괄적으로 버튼이나 링크를 클릭하게 하는 문구도 CTA입니다.

예를 들어 TV에서 홈쇼핑이나 보험 광고의 CTA로 사용되는 '지금 전화주세요' 같은 문구가 있습니다. 스마트 스토어에서는 그럼 어떻게 사용할 수 있을까요? 우선 긴급함이 느껴지는 간곡한 어조를 사용합니다. 긴급함(urgency)과 희소성(scarcity)은 콜투액션의 효과를 배가시킵니다. 명사보다는 동사를 사용하고, 구체적인 행동을 지시해 주는 것이 좋습니다.

◆ 예시 ◆

○ '아이가 있는 집은 꼭 옵션2를 선택하세요.'
○ '늦기 전에 구매하세요.'
○ '구매 혜택을 놓치지 마세요.'
○ '오늘만 50% 특가! 지금 구매 버튼을 클릭하세요.'
○ '이중에 하나라도 해당된다면? 복합성 피부 제품 보러가기'

'제품을 사세요'가 아니라 '구매 버튼을 클릭하세요' 처럼 좀 더 직접적인 행동 지시가 필요합니다. 하지만 너무 많은 콜투액션을 한곳에 두지 않아야 합니다. 콜투액션은 사용자에게 있어서는 선택의 문제입니다. 너무 많은 버튼을 나열해서 결단력을 흐트리는 상황을 만들지 않도록 합니다.

인스타그램의 인사이트를 보면 어떤 피드에서 고객이 웹사이트 링크를 클릭했는지 알 수 있습니다. 어떤 피드가 웹사이트 클릭률이 높은지 확인해보니 '구매를 원하시는 분들은 프로필 링크를 클릭하세요.', '구매 정보는 프로필에 있어요' 라는 글을 캡션에 써 놓은 피드들의 웹사이트 클릭 횟수가 다른 피드들보다 확연하게 높았습니다. 이처럼 CTA 기법은 꼭 상세페이지뿐만 아니라 오프라인 매장, SNS 등에도 사용할 수 있으니 꼭 메모해 두세요!

9 고객의 이득을 작성하라

판매자들 중에는 '나는 고객의 이득을 쓰고 있는데도 안 팔리는데?' 하고 의문을 갖는 분들이 계실 수 있습니다. 그런데 단지 상세페이지에 쓴 장점을 가지고 고객의 이득을 표현했다고 여기는 것은 잘못된 생각입니다. 혼동하지 말아야 할 것이 **여러분 상품의 장점을 나열한 것은 원인이고, 그 결과로 얻게 되는 것이 바로 고객의 이득입니다.**

- 360도 회전하는 CCTV입니다.
→ 360도 회전하는 CCTV여서 여러분의 안전을 지켜드립니다.

- 인체공학 설계를 이용한 편안한 베개입니다.
→ 인체공학 설계를 이용한 편안한 베개여서 잠이 드는 시간이 빨라지고 피로가 감소합니다. 업무 능력 향상을 돕습니다.

- ㅇㅇ 미숫가루는 저온으로 오래 볶았습니다.
➜ 저온으로 오래 볶아 소화가 잘되고 속이 편해집니다.

- ㅇㅇ 쭈꾸미 볶음은 손으로 양념합니다.
➜ 손으로 양념하여 쭈꾸미가 터지지 않아 양념 맛이 더 좋습니다.

   수강생 분들의 기획서를 보면 현상, 즉 사실만을 쓰고 끝내는 경우가 있습니다. '이 사실이 고객에게 어떤 이득이 있을까?' 생각해보고 고객 이득을 상세페이지에 적어 주는 것이 좋습니다. 특히 이 **제품을 구매했을 때 소비자가 당장 취하게 될 즉각적이고 구체적인 이득을 이미지로 표현해 주는 것이 중요합니다.**

10 동일시를 생각하라

A 판매자는 여성 의류를 판매하고 있습니다. 상품 촬영을 할 때 판매하는 의류를 입은 다음, 시계나 신발 등은 명품을 함께 착용하고 사진을 찍습니다. 이처럼 A 판매자는 의류 이외의 명품을 판매하지 않지만 타겟이 갖고 싶어하는 명품을 착용하는 것입니다. 그렇게 되면 판매하는 의류는 명품을 착용하는 사람이 입는 옷이 되는 것이고, 모델의 라이프 이미지가 상품에 반영됩니다. 저 옷을 입으면 나도 같은 라이프를 가진 사람으로 보일 것이라는 생각이 들게 됩니다. 사람들은 이렇게 상품에서 원하는 라이프를 동일시하게 되고 또한 존경하는 사람들을 동일시하는 경향이 있습니다.

주방 용품을 판매하는 경우 아기자기한 커튼에 나무 선반이 있는 예쁜 주방에 판매 상품을 진열해서 사진을 찍거나, 예쁜 주방을 가지고 있는 인플루언서에게 협찬을 요청하는 이유도 동일시 때문입니다. 사람들은 제품뿐만 아니라 주방 전체를 닮고 싶어 하며, 주방의 이미지와 그 주방에 있는 모델을 동일시하게 됩니다. 그래서 **상품을 구매할 때 상품뿐만 아니라 모델과 같은 라이프 스타일을 가지게 된다고** 생각하고 구매를 하게 됩니다.

11

움짤로 구매를 더 늘려라

고객은 경험했던 감각과 그 감각이 불러일으키는 느낌을 보고 제품을 구매할 수 있습니다. 온라인 판매는 제품을 직접 만지고, 냄새를 맡아보고, 시식으로 맛을 볼 수 없기 때문에 시각적인 요소로 보여주는 경우가 대부분입니다.

움직이는 이미지는 촉각과 미각을 사진보다 더 효과적으로 보여줄 수 있으며, 이를 '시각의 촉각화', '시각의 미각화'라고 부르기도 합니다. 상세페이지에 움직이는 이미지가 있다면 고객의 눈을 더 사로잡을 수 있습니다. 움직이는 이미지는 움짤 또는 GIF 이미지라고도 합니다. 예전의 화장품 상세페이지에서는 얼굴에 크림을 바르는 모델 사진이나 크림 사진을 통해 제형을 보여줬다면, 요즘에는 크림을 찍어 얼굴에 바르는 움짤이나 나이프로 크림을 문지르는 등의 움짤을 사용합니다. 실제로 발라보지 않아도 화장품의 제형, 질감이 느껴지도록 하는 것으로, 바로 시각의 촉각화입니다.

움짤의 기능적인 면은 정보를 더 효과적이고 직관적으로 전달할 수 있다는 것으로, 반복되기 때문에 고객에게 인상적인 장면을 남길 수 있습니다. 대부분의 고객은 마우스 스크롤 바를 내리다가 움짤을 보면 멈추게 되면서 상세페이지에 더 집중할 수 있게 됩니다. 결과적으로 체류 시간을 늘려 구매를 더 촉진시킬 수 있는 요소입니다.

상세페이지에 사용하는 움짤은 크게 두 가지로 볼 수 있습니다.

첫 번째는 이미지와 장면 움짤입니다. 옷을 구경하기 위해 클릭하여 들어갔더니 대표 썸네일에서 바람에 블라우스가 살랑살랑 흔들리는 모습이 보이는 것은 환기성이 좋은 시원한 옷을 표현하기 위한 움짤입니다. 이 움짤을 본 고객은 이 옷을 입으면 시원하겠다거나 봄 나들이를 가고 싶다는 생각이 들 수 있겠죠? 그 외에 치즈 핫도그를 반으로 갈라서 쭉 늘린다거나, 화장품을 얼굴에 두드리면 잡티가 가려진다거나 하는 장면들은 우리의 구매 욕구를 자극합니다.

동영상을 움짤로 변경해서 상세페이지에 넣는 경우도 있습니다. 동영상은 일부러 재생을 해야 하지만 움짤은 재생할 필요가 없기 때문에 이런 방법을 사용합니다. 그렇다면 이렇게 이미지 움짤만 있을까요?

두 번째는 강조 움짤입니다. 상세페이지를 보다 보면 '100만 개 판매 돌파!', '이미 1,000,000개의 상품이 판매되었습니다.' 라는 문구에서 '100만 개' 부분이 깜박이거나 '1,000,000개' 라는 숫자가 순차적으로 올라가는 것을 본 적이 있으실 겁니다. 꼭 숫자가 아니더라도 강조하는 단어가 깜박일 수도 있습니다. 그래프가 올라가는 모습, 무료 배송 이벤트에 있는 '트럭' 이미지가 흔들리게 하는 움짤 등으로 이벤트를 강조할 수도 있습니다.

움직이는 이미지를 사용할 때 주의할 점은 과하게 사용하면 오히려 효과가 절감된다는 것입니다. 모든 것을 강조하면 강조의 의미가 흐려집니다. 가끔 어떤 상세페이지는 많은 움짤의 사용으로 정신이 없게 보이고, 오히려 집중이 안 되는 경우가 있습니다. 정적인 것들 사이에 동적인 것이 있어야 더욱 강조가 된다는 사실을 잊지 마세요.

❶ **고객과의 약속, '업체명' 만의 약속** : 신뢰도를 주는 문구입니다.

❷ **꼭 확인하세요!** : 고객에게 문제점을 인지하게 하여 경쟁사를 고급스럽게 공격할 수 있습니다.

예시

> 나사가 6개인지 꼭 확인하세요!
>
> 국산 제품인지 꼭 확인하세요!
>
> 친환경인지 꼭 확인하세요!

❸ **이런 분들께 추천합니다** : 상세페이지에 타겟을 직접적으로 언급합니다. '맞아! 나도 이 타겟 안에 포함되지!' 라는 심리가 구매를 더 촉진 시킵니다. 다만 주의할 것은 욕심을 내려놓고 5줄 이상은 작성하지 않기로 합니다. 상세페이지를 디자인하고 보면 5줄 이상부터 가독성이 떨어져서 글을 읽기 어려워집니다.

❹ **여기서 잠깐!** : '여기서 잠깐!'이라는 문구를 글씨 크기를 크게 해서 상세페이지에 넣으면 고객의 시선을 끌 수 있습니다. 고객이 상세페이지의 스크롤바를 빠르게 내리고 있을 때 스크롤바를 멈추게 할 수 있는 것이죠. 상세페이지 상단부터 이목을 집중시키거나, 상세페이지 중간 부분에서 중요한 내용이 있을 경우 사용하는 문구입니다.

예시

> 여기서 잠깐! 혜택보고 가세요.
>
> 여기서 잠깐! 친환경인지 꼭 확인하세요.

추가로 GIF 움짤과 같은 움직이는 이미지 역시 상세페이지 중간 부분에서 고객의 시선을 멈추게 하는 효과가 있습니다.

구매 버튼을 클릭하게 만드는
11가지 글쓰기 방법

구매 버튼을 클릭하게 하는 9가지 글쓰기 방법은 꼭 한 문장에 한 가지 방법만 들어갈 필요는 없습니다.

"칫솔 속 세균이 변기의 약 100배라니 알고 계셨나요?"

이 문장은 불안감을 팔아라, 의문법, 수치법, 비교법을 같이 사용했습니다. 이처럼 오히려 여러 가지 방법을 같이 사용할수록 문장의 힘이 강력해집니다.

1 문제를 팔아라   2 ○○을 불러라

3 반복 또 반복하라   4 평서문보다 ○○법을 사용하라

5 숫자를 사용하라   6 비교법을 사용하라

7 if법을 사용하라

8 CTA로 고객의 직접적인 행동을 일으켜라

9 고객의 이득을 작성하라

10 동일시를 생각하라   11 움짤로 구매를 더 늘려라

7장

경쟁자를 이기는
필승 전략

경쟁사의 상세페이지를 보면 여러분의 상품을 교묘하게 공격하고 있을 수 있습니다. 그러면 여러분은 방어를 해야겠죠? 또는 여러분이 경쟁사의 상품을 공격할 수도 있습니다. 이번 장에서는 경쟁사를 이길 수 있는 방법, 조금 더 빨리 더 많이 매출을 올릴 수 있는 추가적인 기획 방법을 알아보도록 하겠습니다.

1 경쟁사의 공격을 방어하고 공격하는 방법

경쟁사의 상세페이지를 보면 내 제품을 공격하는 문구와 이미지가 있을 수 있습니다. 하지만 그 공격은 은밀하고 간접적이라서 판매자 분들이 공격을 받고 있는지 모를 수 있습니다. 만약 경쟁사의 상세페이지가 내 상세페이지를 공격하고 있다면 어떻게 해야 할까요? 똑같이 공격해야 할까요? 일단 공격에는 방어를 해야겠죠. 그리고 여러분도 공격을 할 수 있다면 해야 합니다.

예전에 L 회사의 '애완 동물 CCTV' 상세페이지를 컨설팅 할 때 일입니다. L 회사는 '360도 회전하는 CCTV'를 판매하는 회사였고, 경쟁사인 G 회사의 상품은 '이동형 CCTV' 였습니다. G 회사의 상세페이지를 분석해보니 상세페이지 타이틀이 '고정형 CCTV의 한계를 깨다' 였습니다. '이동하는 CCTV ○○○' 처럼 제품명이 아니었죠. 그리고 타이틀을 뒷받침하는 애니메이션 이미지가 있었습니다. 그 애니메이션은 사각지대에 숨어있는 애완동물과 그 모습을 찍지 못하는 고정형 CCTV를 그림으로 그린 것이었죠. 왜 이 부분을 이렇게 비용을 들여서 애니메이션으로 만들었을까요? 고정형 CCTV는 사각지대를 찍지 못하니까 이동하는 CCTV를 구매하라는 G 회사의 의도겠죠?

판매가 잘 되지 않던 L 회사의 상세페이지 타이틀은 '360도 회전하는 CCTV' 였습니다. 그리고 장점 1, 2, 3,,, 이런 식으로 글이 나열되어 있었죠. 그런데 이 CCTV에는 큰 장점이 있었는데 나열된 글들에 섞여서 잘 보이지 않고 있었습니다. 단순히 디자이너에게 브로슈어를 주고 만들어서 예쁘기는 했지만, 기획 없이 만든 상세페이지의 문제점이 드러나고 있었죠.

이 제품의 장점은 바로 먹이를 던져주는 CCTV 였습니다. 어플을 이용해 회사에서도, 여행을 가서도 강아지에게 먹이를 던져줄 수 있는 장점이 있었는데 360도 회전한다는 점과 수많은 장점 사이에 가려져서 장점이 보이지 않았습니다. 그래서 L 회사는 G 회사와 차별화된 기획을 시작했습니다. 강아지를 '본다' 라는 현상에 집중하면 이동하는 CCTV가 무조건 좋아 보이지만, 이면에 있는 강아지 주인의 마음에 집중을 하여 '강아지를 걱정하는 마음', '놀아주고 싶은 마음'에 포인트를 맞추면 먹이를 던져 주는 CCTV가 더 인기가 있을 수 있습니다.

그래서 '먹이를 던져주는 CCTV' 라는 타이틀로 시작하지 않고, 강아지 분리 불안과 그것이 강아지들에게 어떤 영향을 주는지 등의 뉴스를 통한 문제 제기를 해서 상세페이지 상단을 단단하게 만들어 주었고, '놀아주는 CCTV ○○○'으로 타이틀을 기획하게 되었습니다. 그리고 G 경생사가 공격하고 있는 고정형 CCTV의 사각지대를 찍을 수 없다는 문제점은 먹이를 던져주면 달려오는 강아지들 움짤과 영상으로 방어할 수 있었습니다. 사각지대에 있던 반려동물들도 먹이를 던지면 달려와서 CCTV에 찍히니까요.

당연히 L 회사는 광고를 진행했을 때 이전보다 판매량이 늘어났고 매출이 올라갔습니다. 1위 업체보다 상위에 노출되는 키워드도 생겼습니다. 1위를 이긴 거죠. 나중에는 단순히 CCTV의 보는 기능에만 집중했던 G 회사에서 L 회사를 참고해서 '잘 돌본다' 라는 영상을 만들어 자신의 상세페이지에 올리더군요. 이렇게 경쟁사가 내 상세페이지를 공격하고 있다면 그 공격에 대응할 수 있는 기획을 해야 합니다.

광고 속 공격

"엄마 파스타에서 족발 냄새가 나!"

한 번에 한 곳만 배송하는 어느 배송업체의 광고 대사입니다. 단순해 보이는 대사지만 경쟁사가 여러 곳의 주문 식품을 배달하는 것을 공격하면서, 우리는 한 번에 한 곳만 배송하니까 배달 속도도 빠르고 음식끼리 냄새가 섞일 일이 없다라는 것을 어필하고 있습니다.

2 경쟁사의 1점 후기 공략하기

고객이 구매를 할 때 행동하는 패턴을 보면 대부분 상세페이지 후기를 봅니다. 처음 스마트 스토어를 시작하는 신규 판매자는 후기가 없다는 단점이 있지만, 반대로 아직 1점 후기가 없다는 것이 경쟁 업체보다 장점이기도 합니다. 1점 후기를 보면 고객은 어떤 생각과 감정을 가질까요?

고객은 1점짜리 후기가 있으면 그 제품의 문제점을 분석해보고 머릿속에 불안감이 스멀스멀 일어나게 됩니다. 그렇게 되면 상세페이지에서 이탈 확률이 높아집니다. 이때 여러분이 불안감을 해소해주고 안심하게 해준다면 어떨까요? 고객이 경쟁사 1점 후기의 문제점을 보고 내 쪽으로 왔을 때 상세페이지, 특히 상단에서 그 문제점을 해결하는 문구와 이

미지가 있으면 됩니다. 그러기 위해 경쟁사를 이기려면 우선 경쟁사의
1점 후기를 조사해야 합니다.

◆예시◆

▲ 평점 낮은 순 후기

> • 경쟁사 1점 후기 : "토트백인데 손잡이 부분이 좁아요."

예시와 같은 후기가 경쟁사에 있다면? 여러분의 상세페이지에서 아
래와 같이 고객을 안심시킬 수 있습니다.

> • 내 상세페이지 : "여러분 혹시 토트백의 손잡이가 좁아서 불편하신 적 있
> 지 않나요? 이번에 출시된 제품은 고객 분들의 의견을 수렴해 손잡이 부분
> 이 5cm 넓게 출시되었어요."

▲ 5cm 시각적으로 표시

• 경쟁사 1점 후기 : "캐리어 바퀴가 앞뒤로만 가서 끌고갈 때 힘들어요."

예시와 같이 경쟁사 후기가 있다면 내 상
세페이지에서는 오른쪽과 같은 이미지를
보여줄 수 있습니다.

▲ 360도 회전을 시각적으로 표시

• 경쟁사 1점 후기 : "고기 양이 화면과 다르네요."

• 내 상세페이지 : "시중 업체에서 사셨을 때 화면과 달랐던 적이 있지 않나
요? 저희는 화면과 똑같이 정량으로 배송됩니다."

앞에서 비교법에 대한 내용을 다뤘었습니다. 그중에 경쟁사와의 비교도 예시에 있었죠. 여러분 싸이 부츠를 아시나요? 무릎 위까지 올라오는 여성 부츠인데요. 작년 겨울 싸이 부츠가 유행을 해서 저도 구매를 하려고 했습니다. 그런데 1위 판매자를 포함해서 모든 상위 판매자의 후기에 '10분만 걸어도 발목까지 내려와요.' 라는 후기가 있었습니다. 저는 이 부츠를 너무 사고 싶었지만 결국 살 수 없었습니다. 만약 여러분이 싸이 부츠를 판매하는 신규 판매자라면 어떻게 타이틀을 만드실 건가요?

"여러분 흘러내리는 싸이 부츠 구매하실 건가요? 일반 싸이 부츠는 10분만 신어도 흘러내립니다. 저희 ○○ 싸이 부츠는 하루 종일 걸어도 흘러내리지 않습니다."

여기에 흘러내리는 싸이 부츠와 흘러내리지 않는 싸이 부츠의 비교 이미지 또는 움짤을 넣어주면 제품의 장점을 더 효과적으로 보여줄 수 있습니다. 그러면 고객 분들이 제품을 좀 더 안심하고 쉽게 구매할 수 있겠죠? 이런 기획 장치를 상세페이지 내부에 걸어서 제작한다면 경쟁자의 제품을 이길 수 있는 확실한 방법이 될 것입니다.

3 더 많이 더 빠르게 판매하는 방법

선물 포장 〰〰〰〰〰〰〰〰〰〰〰〰〰〰〰〰〰〰

판매자 분들 중에는 가끔 아직 패키지가 준비 안 되서 포장 옵션은 나중에 한다고 하시는 분들이 있습니다. 그렇지만 아래의 경우에는 선물 포장 옵션을 넣어야 경쟁사에 고객을 뺏기지 않고 더 많이 판매할 수 있습니다. 어렵게 유입된 고객이 선물 포장 옵션이 없어서 경쟁 업체의 제품을 구매한다면 너무 안타까울 것 같습니다.

① 선물 포장이 가능한 제품을 판매하는 경우
② 경쟁사가 선물 포장 옵션이 있는 경우

대량 주문 문의

많은 판매자 분들은 대량 주문이나 판촉물을 구입하려는 고객들이 필요할 때, 알아서 주문을 할 것이라고 생각들을 합니다. 하지만 경쟁사가 '대량 주문 문의' 문구를 써 놓았다면? 당연히 문구를 써 놓은 곳이 먼저 생각날 것입니다. 상세페이지는 고객이 고민하는 부분을 최대한 줄여줘야 합니다. 상세페이지에 '대량 문의', '판촉물 주문 문의' 를 써 놓으면 나중에 고객이 대량으로 제품이 필요할 때 여러분의 제품이 생각나고 대량 주문을 하게 될 것입니다.

기간 한정 할인 및 개수 한정 할인

대부분의 이벤트가 기간을 정해두고 그 기간 안에 상품 100개 한정 할인, 100명 한정 할인 등을 하는 것을 본 적이 있으실 겁니다. 기간 한정 판매를 하면 고객은 해당 기간에만 할인 가격에 구매할 수 있다는 생각에 더 빨리 더 많이 구매할 수 있습니다. 이 기간을 놓치면 안 된다는 불안감이 드는 **희소성의 원칙**입니다.

예전에 인사동에 갔다가 길가에서 버스킹 공연하는 것을 우연히 보게 되었습니다. 근간에 볼 수 없었던 아주 훌륭한 공연이었습니다. 버스킹 연주자들 앞에 걸어놓은 문구를 보니 바구니에 10,000원 이상을 넣으면 연주자들의 CD 앨범을 가져갈 수 있었습니다. CD가 6개 정도 남아 있었는데 관객 3명이 눈앞에서 CD를 순식간에 집어가는 겁니다. 당황해서 저도 지갑을 꺼내려는 순간! 연주자 분 중에 한 분이 순박한 모습으로 웃으며 얘기했습니다. "여러분, 가방에 CD 더 있습니다. 서두르지 않으셔도 돼요."

그 말을 듣는 순간 지갑을 꺼내려는 제 손이 멈추었습니다. 결국 저는 CD를 가져오지 않았죠. 연주자 분은 관객들로 하여금 편하게 구입해도 된다는 뜻으로 이야기한 것이지만, 저를 포함한 다른 분이 추가로 구입할 기회를 날려버린 셈입니다.

이 이야기는 한정판에 관한 이야기입니다. 이렇게 오프라인뿐만 아니라 온라인에서도 10개 한정, 100개 한정 등의 단어는 희소성의 원칙에 따라 고객의 심리를 자극해서 빠르게 판매가 됩니다. 그리고 이런 부분들을 고객에게 시각적으로 보여주면서 더 조급하게 만듭니다. 온라인 사이트에서 시간이 초단위로 점점 떨어지면서 할인 기간이 얼마 안 남았다는 것을 실시간으로 보여주는 것은 이런 기획을 더 돋보이게 하는 랜딩 페이지 디자인이기도 합니다.

4
가격에 대한 심리적 고통을 줄이기 위한 방법

아래 두 가지 경우 중에 여러분에게 어떤 것이 심리적인 영향을 더 끼칠까요?

- 여러분이 1억 원 로또에 당첨되었다.
- 여러분이 1억 원을 사기 당했다.

사람들은 얻는 것보다 잃는 것에 더 자극을 받습니다. 그래서 내가 가진 것을 많이 잃는다는 느낌이 무의식적으로 들면 지갑을 열지 않습니다. 같은 가격이라도 온라인 사이트에 금액을 그대로 기재하는 것보다는 월 단위로 나누어서 다음과 같이 표기한다면 고객의 돈을 쓰는 상실에 대한 두려움을 가라앉힐 수 있습니다.

판매가 : 173,200원

▼

판매가 : 1개월에 28,880원 × 6

또는 상품에 대한 자신감과 신뢰도를 보여주면서 고객이 돈을 잃지 않을 거라고 안심할 수 있는 글을 쓸 수도 있습니다.

- 마음에 들지 않으면 환불 100%(30일 이내)
- 맛없으면 2배로 환불해 드립니다.
- 최저가가 아니라면 차액을 환불해 드립니다.

고객이 지불한 돈을 다시 환불받을 수 있다는 믿음은 '돈을 잃지 않겠구나' 라는 생각을 하게 되고, 구매 고민을 덜어주는 효과를 가져옵니다. 그리고 혹시나 모를 진상고객에 대비해 환불은 꼭 기간을 제시하는 것을 추천합니다.

고객이 미끼 상품만
구매한다면?

상세페이지에서 옵션에 있는 미끼 상품과 주력 상품의 비교를 통해 주력 상품이 더 좋아보이게 표현합니다. 이때 중요한 것이 비교법과 반복법입니다. 상세페이지에 타사와의 비교도 필요하지만, 이처럼 내 상품들끼리의 비교도 필요합니다.

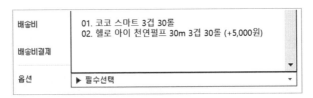

▲ 옵션 이미지

- ○ 01번보다 02번이 오래간다.
- ○ 01번보다 02번이 안전하다.
- ○ 01번보다 02번이 두껍다.
- ○ 01번보다 02번이 1위 상품

이때 여러 가지 장점의 나열보다 같은 장점을 반복해 주는 것이 더 효과적입니다. '01번보다 02번이 오래가고, 두껍고, 안전하고, 1위예요.'라고 말하는 것보다 01번보다 02번이 안전하다는 것을 3번 반복하는 것이 더 장점 인지가 잘 됩니다. 이런 비교와 함께 타겟을 직접적으로 호명해 주는 것도 주력 상품을 판매할 수 있는 좋은 방법입니다.

"01번보다 02번이 안전합니다. 아이가 있는 집은 꼭 2번을 구매하세요."

6
의류, 액세서리, 가구 등을 더 잘 판매하는 방법
(심미성 제품군)

의류와 액세서리 등의 상품들은 모든 기획 방법을 다 사용해서 기획하기 어렵습니다. 가구의 경우 인테리어 효과가 있는 심미성 제품과 시스템 행거나 침대, 매트리스와 같은 기능성 제품으로 나뉩니다. 예뻐서 구매하는 심미성 제품군은 고객의 욕구가 다르기 때문입니다. 그래서 보통 이미지가 가장 중요합니다. 따라서 생활용품이나 식품보다 사진을 더 예쁘게 찍고 분위기가 있어야 하며, 외국 모델을 고용하는 회사들도 있는 것이겠죠? 만약 여러분이 이렇게까지 이미지 퀄리티를 높였는데도 안 팔리는 이유는 경쟁업체들도 그 정도는 다 하기 때문입니다. 어떤 기획 요소를 사용해야 이 제품들을 좀 더 잘 판매할 수 있을까요?

모든 제품들 상세페이지 상단에서 이벤트를 노출 ~~~~~~~~~~~~~~~~

상세페이지 상단에서 이벤트를 진행합니다.

상세페이지 내부 후기 ~~~~~~~~~~~~~~~~~~

상세페이지 내부에 구매 전환이 되는 후기를 넣어서 상세페이지에 힘을 실어 줍니다. 후기 개수가 많아도 괜찮습니다. 후기에서 포인트 되는 글에 밑줄을 긋거나, 크기를 키우거나, 색상으로 강조해서 디자인합니다.

주력 상품 위주로 기획 ~~~~~~~~~~~~~~~~~~

의류나 액세서리 등의 제품을 판매하는 판매자들은 상품이 많은 편입니다. 그래서 한 가지 상품에 기획서를 오랫동안 작성하기 힘들죠. 따라서 상품 개수가 많은 경우 주력 상품 위주로만 기획을 하는 것이 좋습니다. 즉, 시장 조사로 주력 상품을 정하고, 만약 처음에 주력 상품이 아니었던 상품이라서 기획도 안했는데 판매가 되기 시작하는 상품이라면 기획을 더해서 광고를 해보는 것이 좋습니다.

마지막으로 심미성 제품을 판매하고 계신다면 몇 가지 상품에 차별점을 둬서 기능성 제품으로 기획하는 것을 추천 드립니다.

A 업체 :
- 예쁜 모델, 예쁜 사진
- 청바지 : 허리 밴딩 장점 설명
- 빈티지 청바지 : 빈티지한 느낌의 색감 설명

B 업체 :
- 예쁜 모델, 예쁜 사진
- 청바지 : 마약 바지로 이름을 붙임
- 빈티지 청바지 ➜ 하체 통통족 모여라! 하체 커버 바지
- 그 외에도 마법 나시, 쿨 바지, 냉장고 바지 등의 이름을 붙여 판매

살펴보면 같은 바지를 판매하는데 B 업체는 기능성 제품으로 기획을 하였습니다. 잘 늘어나거나 시원함 등의 기능으로 기획하고, 이 부분을 시각적으로 보여주는 이미지 또는 움짤을 사용해서 강조합니다. 모든 제품을 이렇게 할 필요는 없지만 몇 가지 제품은 이렇게 기획해서 광고를 해보는 겁니다.

심미성 제품들은 예쁜 사진과 제품 설명 등 모두 기본은 해야 합니다.

그리고 기획 요소를 모두 사용하기 어렵기 때문에 상단에 나온 방법들은 경쟁사보다 더 매출을 내기 위해 무조건 해보시는 것이 좋습니다.

식품, 생활용품, 화장품 등을 더 잘 판매하는 방법 (기능성 제품군)

기능성 제품군은 앞서 나온 모든 기획 요소와 글쓰기 방법들을 한 가지도 빠짐없이 상세페이지에 사용해야 합니다. 저는 기획서를 작성할 때 이 책의 4~7장에서 설명한 모든 방법을 사용합니다. 가구의 경우 인테리어 가구는 예쁜 사진이 차지하는 비중이 크지만, 매트리스와 같은 제품은 앞에 나온 글쓰기 방법처럼 좀 더 세밀한 기획이 필요합니다.

8장

상세페이지 디자인
프로세스

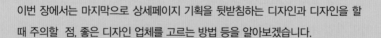

이번 장에서는 마지막으로 상세페이지 기획을 뒷받침하는 디자인과 디자인을 할 때 주의할 점, 좋은 디자인 업체를 고르는 방법 등을 알아보겠습니다.

상세페이지
디자인 요소

상세페이지 디자인에 영향을 주는 요소에는 사진, 움짤, 동영상, 글, 여백, 컬러 등이 있습니다.

이미지(사진)

글을 가장 효과적으로 뒷받침해 줄 수 있는 디자인 요소 중 하나는 바로 이미지입니다. 이미지의 종류는 사진도 있고 그림도 있고 다양합니다. 가끔 상세페이지 디자인을 보면 글과 상관없는 사진이나 꽃과 반짝이 같은 꾸밈 요소만 가득한 경우가 있습니다. 상세페이지 내용과 상관없이 예쁘기만 한 사진은 특히 위험합니다. 매출이 날 수 있는 상세페이지의 중요한 영역이 쓸데없이 낭비되기 때문입니다. 기획과 연관이 있어서 기획을 돋보이게 할 수 있는 이미지만 사용해야 합니다.

여러분이 정성들여 만든 상세페이지 기획서에는 글과 이미지가 같이 존재할 것입니다. 그러면 작성한 상세페이지 기획서를 바탕으로 찍어야 하는 사진들을 정리합니다. 그런 다음 사진들을 모아보면 스토리 보드가 됩니다. 기획을 처음 하거나 잘 모르는 분은 상품 촬영을 할 때 휴대폰이나 태블릿 PC 등으로 인터넷에서 참고할 사진을 검색하면서 상품촬영을 하거나, 아무 조사도 하지 않은 채로 촬영 작가에게 촬영을 맡기는 경우가 있는데 그렇게 되면 촬영 후에 나온 사진이 마음에 들지 않을 때가 많습니다. 결국 필요한 사진이 없어서 재촬영하는 경우가 생기곤합니다.

그래서 기획서 안에 있는 사진들을 인쇄해서 스토리 보드를 만드는 것을 추천하는 이유가 여기에 있습니다. 스토리 보드가 있다면 촬영하기가 편리하고, 작가에게 의뢰할 때에도 촬영 방향성을 제시하면서 전체적인 사진들을 보고 말할 수 있기 때문에 원하는 사진을 얻기가 수월해 집니다. 만약에 제품이 많아서 찍을 사진이 많다면 경쟁사의 상세페이지 전체를 인쇄한 것을 보면서 연습 촬영을 해보는 것도 하나의 방법입니다.

움직이는 이미지 ~~~~~~~~~~~~~~~~~~~~

상세페이지에 움직이는 요소가 있다면? 정적인 이미지보다 움직이는 이미지가 고객의 시선을 더 사로잡을 수 있습니다. 움직이는 요소는 움짤과 동영상이 있습니다.

① 움짤

움짤은 움직이는 이미지입니다. 보통 어떤 행동이나 움직임을 반복시키거나 동영상을 움짤로 변환하곤 합니다. 주의할 것은 움짤이 있으면 고객이 상세페이지를 열었을 때 로딩이 느려질 수 있습니다. 그래서 스마트 스토어에서 움짤을 가장 상단에 노출했을 때, 고객이 스크롤바를 내린 뒤에 움짤이 늦게 노출되는 바람에 움짤을 보지 못하는 불상사가 생기기도 합니다. 그래서 상세페이지를 업로드 한 뒤 꼭 상세페이지 스크롤바를 빠르게 내리면서 움짤이 노출되는지 확인해 보시기 바랍니다.

② 동영상

동영상은 자연스럽고 다양한 모습을 길게 보여줄 수 있습니다. 다만 고객이 재생 버튼을 눌러야만 그 영상을 볼 수 있으므로 '재생 버튼 클릭'으로 고객 행동을 전환시켜야 합니다. 명심해야 할 것은 고객은 특별한 이유가 아니라면 이 영상을 꼭 재생해야 할 이유가 거의 없다는 것입니다. 그래서 보통 영상을 재생하지 않거나, 재생하더라도 영상 전체를

다 보지 않거나, 로딩이 느려서 영상을 보지 못할 수도 있습니다. 변수가 움짤보다 많죠.

그렇기 때문에 고객이 꼭 보아야 하는 내용을 동영상으로 제작한 경우, 고객으로 하여금 동영상을 꼭 클릭하게 만들 만한 문구가 존재해야 합니다. 이런 기획력이 없다면 동영상을 움짤로 만들어서 무조건 고객이 볼 수 있게 만드는 것이 좋습니다. 예외의 경우가 있긴 합니다. 피아노를 판매할 때처럼 청각적인 요소가 필요한 경우에는 필수로 동영상을 넣어주어야 합니다.

스마트 스토어의 경우 상세페이지에 동영상을 넣으면 알고리즘에 의해 동영상을 넣지 않은 상세페이지보다 좀 더 상품을 상위에 노출시켜 줄 수 있습니다. 하지만 상위 노출을 목적으로 등록하는 동영상은 피아노처럼 실제 고객이 클릭해야 하는 동영상이 아니기 때문에 실효성이 떨어집니다. 이런 이유로 상세페이지에서의 동영상은 움짤보다 내용을 확인할 확률이 낮습니다. 그래서 요즘 대세는 움짤입니다.

색상

상세페이지의 색상은 판매 상품의 분위기와 맞는 색을 선택하는 것이 좋습니다. 글자 색상의 경우 제품을 설명하는 부분은 무채색을 사용합니다. 타이틀과 같은 제목에는 눈에 띄는 색상으로 글씨를 강조할 수도 있습니다.

반드시 명심해야 할 것은 디자인에 답은 없다는 것입니다. 글씨를 색상으로 강조할 수도 있지만 굵기나 크기로 강조할 수도 있습니다. 컬러를 이용한 강조는 상세페이지의 색상 계획이 다양한 조합보다는 한두 가지의 색이나 무채색으로 이뤄져 있을 때 확실한 효과를 가져옵니다. 그리고 색상이 다채로운 것보다는 무채색이 상품에 집중도를 높입니다.

상세페이지의 배경색, 글씨 모두 색깔이 다양해서 상품과 부딪힌다면 제품 가격이 저렴해 보일 수 있습니다. 색상을 적게 써서 고객의 눈을 편하게 하여 고객이 상세페이지에 오래 머무르게 해야 합니다. 만약 상세페이지 색상을 고르기 어렵다면? 포토샵의 스포이드 툴을 이용하여 제품 사진에서 원하는 색상을 골라서 그 주변색으로 작업하면 어울릴 수 있습니다. 또는 색상 조합 사이트에서 색상을 보시는 것도 도움이 됩니다.

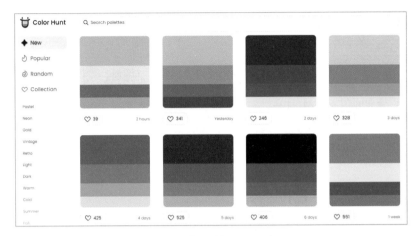

Color hunt(https://colorhunt.co)

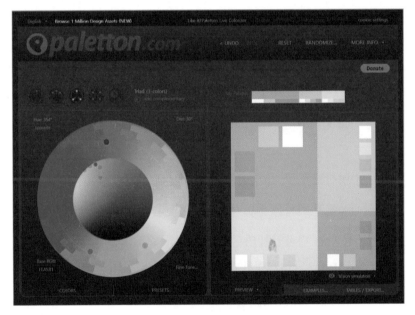

Paletton(https://paletton.com)

▲ 색상 조합 사이트

폰트 ~~~~~~~~~~~~~~~~~~~~~~~~~~~

요즘은 대부분의 고객이 모바일에서 상품을 구매하는 경우가 많으므로 상세페이지에서 사용하는 폰트는 모바일에서 가독성이 좋은 폰트를 사용하고, 큰 사이즈로 제작하는 것이 좋습니다.

글씨체는 상품의 가격과 분위기에 맞는 폰트, 가독성이 좋아서 잘 읽히는 폰트가 좋습니다. 정작 기획을 잘 만들어놓고도 작은 글씨 뿌리기 형태로 만들어버리면 고객이 보지 않고 지나가게 되면서 기획의 실패로 이어지므로 주의해야 합니다. 이 때 강조할 문구는 크기가 더 커야 합니다. 글씨 굵기와 색상도 강조할 부분만 변화를 줍니다. 가끔 모든 글씨를 다 굵고 크게 하는 경우가 있는데, 그러면 오히려 강조가 안 되서 글씨 집중도가 떨어집니다.

여기서 명심해야 할 것이 있습니다. 외부에 디자인 의뢰를 하게 되는 경우 상세페이지 기획을 해보지 않은 일반 디자이너에게 맡기면 상품을 돋보이도록 하는 디자인이 아니라 시각적 구성 요소들의 크기, 위치, 색상을 그저 이쁘고 세련되게만 만들어 버릴 수 있습니다. 그러면 판매자분들은 "예쁘게 디자인 되었네" 하거나 더 예쁜 디자인으로 수정하려고만 합니다.

작은 글자 디자인들이 예쁘기는 하지만 판매자 분들은 일반적인 조형의 원리를 벗어나 **디자인이 조금 덜 예뻐지더라도 중요한 부분은 '더 크게, 더 진하게, 더 위로' 라는 요구사항을 강조해야 합니다.** 이런 클라이언트들의 요구가 매출을 높이는데 기여하기도 합니다. 그렇기 때문에 판매를 위한 상세페이지 디자인에 대해 공부하고 지식을 넓히도록 훈련이 필요합니다.

상업용 무료 폰트 사이트

눈누는 상업용 무료 폰트를 큐레이션한 사이트입니다. 폰트의 라이센스는 매년 변경될 수 있으니 사용 전에는 꼭 라이센스를 확인하고 사용하시는 것이 좋습니다.

〈눈누〉

폰트 저작권

또 하나 명심해야 할 것이 폰트 저작권 문제입니다. 외부 디자인 회사에 상세페이지 제작을 의뢰할 때 상업용 무료 폰트를 사용하여 상세페이지를 제작할 수도 있지만, 그 회사에서 구매하여 보유하고 있는 유료 폰트를 사용하여 상세페이지 제작을 할 수도 있습니다.

'디자인 회사에서 유료 폰트를 사용해서 내 상세페이지를 만들어주면 더 예쁘고 좋을거야'라고 생각할 수도 있지만 나중에 디자인 수정을 할 때를 생각해 보아야 합니다. 의뢰했던 업체에 수정 작업을 맡기면 별 문제 없겠지만 여러 가지 이유로 인해 다른 디자이너에게 수정을 의뢰하는 경우도 많습니다.

디자이너들은 상세페이지를 제작할 때 보통 포토샵 프로그램을 사용합니다. 포토샵에서 상세페이지를 수정할 때 새로 맡긴 디자이너에게 해당 폰트 파일이 없으면 기본 글꼴로 변경됩니다. 그럼 글꼴이 달라져서 디자인이 이상해지겠죠?

저작권에 대해 잘 모르는 분들은 내가 디자인을 의뢰했으니 해당 폰트도 줘야 하는 것이 아니냐고 하는 경우도 있고, 회사에서 그럼 계속 수정해줘야 하는 거 아닌가? 라고 하는 경우도 있지만 그렇게 해주는 곳은 없습니다. 그렇기 때문에 추후에 수정을 직접하고 싶다면 처음 의뢰할 때부터 상업용 무료 폰트로만 상세페이지 디자인을 해달라고 하시고, 작업이 완료된 후 사용한 폰트 목록을 받아서 보관해 놓는 것이 좋습니다.

그런 다음 나중에 수정 작업이 필요할 때 새로운 디자이너에게 받아놓은 무료 폰트 목록을 알려주면 간단히 해결할 수 있습니다. 상세페이지는 한 번 만들고 끝이 아니기 때문에 항상 수정해야 할 부분들을 고려해야 합니다.

여백 ~~~~~~~~~~~~~~~~~~~~~~~~~~~~~~~~~~~~~~~

인물 사진을 보다보면 눈, 코, 입 등이 개별적으로는 예쁜데 전체적으로 조화가 안 맞아 이상하게 보였던 적이 있을 것입니다. 이와 같이 눈, 코, 입이 예쁜 사람이라도 얼굴 여백이 너무 좁거나 넓으면 이상하듯이 디자인에서도 여백은 중요합니다. 고객을 상세페이지에 더 오래 머무르도록 디자인을 하려면 모든 부분에서 여백을 신중하게 잘 활용해야 합니다.

상세페이지에도 영역들이 있습니다. 동일한 그룹 안에 있는 요소들은 가까이 있어야 하고, 그룹이 아닌 요소들은 멀리 있어야 합니다. 그룹 안에서 동일한 '모양'을 가진 요소들은 같은 간격을 두고 배치되는 것이 좋습니다. 어려우시다면 상세페이지 요소마다 여백을 넓게 넉넉하게 남겨보세요. 여백이 좁은 것보다는 이게 더 낫습니다.

여백은 명확도와 집중도를 높이는 데 도움이 됩니다. 여백을 잘 활용하면 상세페이지 글이 읽기 쉬워지며, 중요한 부분을 더 강조할 수도 있습니다. 여백은 또한 글씨를 강조하기 위한 좋은 방법이 될 수도 있습니다. 사람들의 시선을 끌 수 있는 방법은 구성 요소를 많이 넣거나 크기를 키우는 것만 있는 것이 아닙니다. 글자만 잔뜩 채워지고 글자 크기도 커서 전부 중요하게 보인다면, 고객 눈에는 아무것도 중요해 보이지 않은 것처럼 보일 수 있습니다.

2 상세페이지 디자인 제작 프로세스

벤치마킹

상세페이지 디자인 역시 상세페이지 기획처럼 벤치마킹이 필요합니다. 기획을 모두 마친 다음 디자인을 벤치마킹 할 수도 있지만, 기획을 하는 도중에 괜찮은 상세페이지 이미지를 발견하면 바로 자료를 수집해 놓는 것이 좋습니다. 가장 좋은 벤치마킹은 아무래도 경쟁사의 상세페이지 디자인을 분석하는 것입니다.

그 외에 벤치마킹 할 곳은 디자이너들이 자주 사용하는 '핀터레스트'라는 사이트가 있습니다. 수많은 디자이너들이 핀터레스트에 작업한 포트폴리오를 업데이트 하므로 여러분은 남들이 만든 디자인을 벤치마킹

하면서 디자인 감각을 익힐 수도 있고, 자신이 만들 상세페이지에 응용할 수도 있습니다. 여기에 있는 상세페이지 중에는 대기업 디자인들도 꽤 있는데 글씨가 작아서 내용이 잘 안 보이는 디자인도 있습니다. 따라서 실제 판매를 하시는 분들은 모바일에서 잘 보이도록 글씨가 크게 처리된 상세페이지 디자인을 벤치마킹 하는 것을 추천 드립니다. 창업자분들은 이벤트 배너, 쿠폰, 후기처럼 부분적인 디자인을 핀터레스트에서 벤치마킹 하시면 좋습니다.

▲ 핀터레스트(https://www.pinterest.co.kr/)

상세페이지 디자인 ∼∼∼∼∼∼∼∼∼∼∼∼∼∼∼

디자인을 벤치마킹 했다면 이제 상세페이지 디자인을 해야 하겠죠? 아마도 이 책을 보는 판매자들 중에는 상세페이지를 직접 제작하고 싶은 분들과 남에게 디자인 의뢰를 하고 싶은 분들로 나뉘실 겁니다.

> • 직접 제작 : 상품 사진 보정 – 이미지 찾기 – 상세페이지 제작
> • 디자인 의뢰 : 크몽, 포털 사이트

직접 제작을 하려면 보정부터 제작까지 혼자서 진행을 해야 하고, 제작할 프로그램도 선택해야 합니다. 그리고 여러분이 사진 촬영할 수 없는 고퀄리티 사진, 예를 들어 불꽃놀이 사진이 필요하거나 풀에 물방울이 맺힌 사진 등이 필요하면 무료 이미지를 다운받거나 유료 이미지를 구매해야 합니다. 무료 이미지 사이트와 유료 이미지 사이트 몇 군데를 소개해 드리겠습니다.

(1) 무료 이미지 사이트

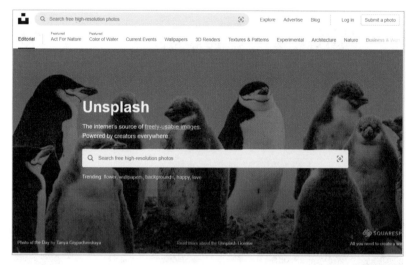

▲ 언스플래쉬(https://unsplash.com/)

(2) 유료 이미지 사이트

▲ 셔터스톡(https://www.shutterstock.com/ko/)

▲ 게티이미지뱅크(https://www.gettyimagesbank.com/)

▲ 23rf(https://kr.123rf.com/)

　　단 유의해야 할 것은 무료, 유료 이미지 모두 100% 믿을 수 없다는 것입니다. 무료 사이트라고 하더라도 이미지를 업로드하는 사람 중에 자신이 찍은 이미지가 아닌 다른 사람의 이미지를 업로드하는 경우도 있기 때문입니다. 그리고 이미지를 결정하면 그 이미지의 설명을 보면서 저작권이 어디까지 허용되는지 읽어보아야 합니다. 필요하면 저작권을 캡처하여 보관하는 것도 방법입니다.

또한, 여러분들이 사용하고 있는 컴퓨터에 설치되어 있는 폰트는 상업용 무료 폰트가 아닐 수도 있습니다. 모르고 사용할 경우 라이센스 위반으로 폰트 회사에서 내용 증명을 보내올 수 있습니다. 그래서 직접 상세페이지 제작을 하는 경우 상업용으로 사용 가능한 무료 폰트를 사용하는 것을 추천합니다.

3 디자인 제작 프로그램

개인적으로 창업자 분들이 사용하는 툴로 미리캔버스와 포토샵을 추천 드립니다. 그리고 상품 등록을 할 때에는 스마트 스토어 템플릿을 사용하실 수 있습니다. 미리캔버스를 추천하는 이유는 상업용 무료이기 때문입니다. 그리고 포토샵은 업체를 통해 상세페이지 제작을 하더라도 여러분이 간단한 수정은 할 수 있도록 기본적인 이미지 수정, 글자 수정, 파일 열기와 저장 방법 등은 알고 계시는 것이 좋습니다.

포토스케이프

이미지 제작 프로그램 중의 하나로 기능이 단순해서 사용자가 사용하기 쉬운 툴이지만 한 번 작업한 디자인 작업물을 수정하기 어렵습니다. 그래서 독자 분들에게 적극적으로 추천 드리는 툴은 아닙니다.

캔바

모바일로 작업이 쉽고 간단한 배너, SNS 이미지를 만들기 수월합니다. 그러나 상세페이지같이 흐름이 긴 작업을 하기에는 적합한 템플릿이 많지 않습니다.

미리캔버스

상업용 무료로 사용 가능하다는 큰 장점이 있고, 디자인 템플릿이 심플한 편입니다. 수정이 용이합니다.

망고보드

디자인 업데이트가 빠르고 템플릿 개수가 많습니다. 그래서 화려한 디자인이 많다는 장점이 있습니다. 단점은 디자인에 워터마크가 표시되므로 워터마크가 없이 사용하려면 비용을 지불해야 합니다.

포토샵 ~~~~~~

어도비에서 만든 프로그램으로 대다수의 디자이너와 창업자가 사용하는 툴입니다. 따라서 포토샵의 기본적인 기능은 알아두는 것이 좋다고 생각합니다. 유튜브 강좌나 책을 통해 이미지 교체, 글자 수정, 저장 등의 기능을 배우시는 것을 추천 드립니다.

스마트 스토어 상세페이지 템플릿 〜〜〜〜〜

스마트 스토어에서는 기본적인 상세페이지 템플릿을 제공합니다. 블로그 형식으로 사진과 글로 이루어져 있는 템플릿입니다. 이 템플릿들은 글자 크기 디자인과 사진 레이아웃이 잘 잡혀 있어서 그대로 사용해도 괜찮습니다. 하지만 다른 업체와의 차별성을 위해서 적어도 이벤트 영역과 후기, 타이틀 부분은 이미지 제작을 해서 별도로 등록해 주시는 것이 좋습니다.

▲ 스마트 스토어 상세페이지 템플릿

4 디자인 계약하는 방법

디자인 의뢰를 맡길 경우에는 그동안 맡기려는 디자인 업체가 작업했던 포트폴리오를 확인해야 합니다. 그래서 나와 같은 상품, 카테고리가 비슷한 상품의 상세페이지 제작을 한 곳에 의뢰하는 것을 추천합니다. 의류 상세페이지만 제작했던 디자이너가 식품 상세페이지 제작을 하는 것은 어려울 수 있습니다.

또한 가격이 저렴한 업체만 찾는 분들이 계신데 저렴하면 저렴한 이유가 있습니다. 여러분이 디자이너의 새로운 실험 포트폴리오가 되지 않으려면 해당 분야에서 경력이 있는 디자이너나 업체를 찾으셔야 합니다. 안타까운 일은 솔직히 비싸다고 또 잘 만든다는 보장은 못하는 게 현실입니다. 직원을 구하던 외주 업체를 구하던 한 번에 괜찮은 곳을 찾기 어렵고, 두세 번은 경험해 보셔야 합니다.

그리고 작업이 끝난 후 상세페이지 원본 PSD 파일을 주는지 꼭 확인해야 합니다. 원본 파일을 받아놓지 않으면 추후 수정이 필요할 때 작업한 곳과 연락이 끊어지면 수정 작업이 불가능해 막막한 경우를 당하게 됩니다. 그리고 일정 확인 및 수정, 유지보수 조건도 따져봐야 합니다. 이런 조건을 보신 후 디자이너 또는 업체와 디자인 계약서를 쓰는 것이 좋습니다. 디자이너가 먼저 제시하지 않더라도 수정 횟수와 이후 유지보수, 수정 비용들을 미리 계약서에 쓰거나 알고 있는 것이 중요합니다.

 알아두면 좋아요 **디자인 회사와 계약 시 확인할 부분**

- PSD 파일 제공 여부
- 시안 개수
- 계약금/잔금
- 검수 기간
- 수정 횟수
- 완료 날짜

스마트 스토어와
판매 채널의 종류

1 스마트 스토어

국내에서 가장 큰 포털 사이트인 네이버에서 만든 온라인 판매 채널입니다. 쇼핑몰과 오픈마켓의 중간 형태를 띄고 있으며, 도메인을 만들어 등록할 수 있습니다. 쇼핑몰과 비교했을 때 몰을 만드는 비용과 호스팅 비용이 들지 않아서 비용도 절약되고 제작이 편리합니다.

네이버 페이가 등록되어 있어서 쇼핑몰을 처음 오픈할 때 들어가는 pg사 연동 비용(대략 1년에 20~30만원)도 들어가지 않습니다. 상품 등록을 할 때 입력하는 상품명에 따라서 오픈마켓과 쇼핑몰보다 노출이 더잘 되는 장점이 있습니다. 그리고 다른 오픈마켓들 보다 판매 수수료가 저렴합니다. 원래 스마트 스토어의 수수료는 결제 수단에 따라서 수수료율이 달랐었습니다.

- 수수료 : 2%
- 휴대폰 : 3.85%, 계좌이체 : 1.65%, 신용카드 : 3.74%
- 가상계좌 : 1%(최대 275원), 보조결제 : 3.74%

(2021년 7월 31일 이전)

2021년 7월 31일 이후 매출 규모에 따라 수수료율이 변경되었습니다. 판매자가 가장 많이 지불하는 수수료가 5.63%로 다른 판매 채널에 비해 굉장히 저렴한 편입니다.

- 영세 : 2.2%
- 중소1 : 2.75%
- 중소2 : 2.86
- 중소3 : 3.08
- 일반 : 3.63

(2021년 7월 31일 이전)

+

네이버 쇼핑 수수료 : 2%

그리고 네이버 스마트 스토어를 운영하면서 오프라인 매장이 있다면 네이버 쇼핑 윈도우에 입점이 가능합니다.

- 스타일 윈도(패션) 윈도우
- 리빙 윈도(리빙 상품군)
- 키즈 윈도(유아동)
- 뷰티 윈도(브랜드 본사, 공식 수입사만 가능)
- 플레이 윈도(디지털, 스포츠/레저, 키덜트 상품군)
- 아트 윈도(담당자와 사전 협의된 작가, 갤러리만 신청 가능)
- 해외직구 윈도(해외직구 서비스 지역의 현지 해외 사업자)
- 펫 윈도(사료, 간식, 애완 패션&리빙용품 외 강아지/고양이를 위한 상품군)
- 푸드 윈도(산지직송, 지역명물, 간편 집밥, 전통주 등 다양한 푸드 상품군)

▲ 네이버 쇼핑 윈도우 종류

　월 1억 원 매출이 오르는 상세페이지 기획법

윈도우에 입점하면 네이버 쇼핑의 윈
도우 탭에 노출이 되므로 하나의 노출
채널을 더 가질 수 있습니다.

스마트 스토어 판매자 센터 쇼핑 윈도 노출 제안 방법

윈도우에 입점을 하려면 매장 간판을 포함하여 오프라인 매장 사진을 등록하고 심사에 통과해야 합니다. 방법을 알아보도록 하겠습니다.

❶ 스마트 스토어 관리자에서 [노출관리]를 클릭하고 [쇼핑윈도 노출 제안]을 클릭합니다.

❷ 원하는 쇼핑 윈도 서비스를 선택합니다.

❸ 쇼핑윈도 이름, 대표 이미지, 고객센터 전화번호를 입력합니다.

❹ 매장 정보를 입력하고 [채널 추가 요청] 버튼을 클릭합니다.

스마트 스토어를 2개 만들고 싶다면?

스마트 스토어를 추가로 개설하고 싶은 분들이 분명 계실 거라고 생각합니다. 우선 스마트 스토어를 처음 제작할 때에는 1개만 만들 수 있으며, 스마트 스토어의 이름은 1회만 수정 가능합니다. 운영할 수 있는 스마트 스토어 개수는 총 3개이며, 한 번에 2개를 추가 개설할 수 없습니다. 스마트 스토어에는 중복되는 상품을 올릴 수 없습니다. 그리고 스마트 스토어 폐쇄 후 재개설은 30일 이후 가능합니다. 기존 계정과 상품 카테고리(소분류 카테고리 기준)가 다른 경우에만 허용하며, 개인 판매자는 스마트 스토어 추가가 제한됩니다.

(1) 스마트 스토어 추가 조건
❶ **회원 가입 기간** : 가입일로부터 6개월 이상 경과해야 합니다.
❷ **매출액** : 최근 3개월 총매출액 기준 금액 800만 원 이상이어야 합니다.
❸ **판매 만족도** : 최근 3개월 판매 만족도 기준 4.5점 이상이어야 합니다.
❹ **징계 여부** : 최근 3개월 내 이용정지 이력이 없어야 합니다.

(2) 스마트 스토어 추가 신청 방법
❶ [판매자 정보 ➜ 정보변경신청]
❷ 오른쪽 상단에서 [스마트 스토어 추가안내] 버튼 클릭
❸ 조건 충족 시 [스마트 스토어 추가 요청] 버튼 클릭
❹ 새로 개설한 스마트 스토어 정보 작성 후 1:1 문의하기 제출
　스토어명, 스토어 URL, 카테고리, 담당자명, 고객센터 번호

2

오픈마켓 –
옥션, 지마켓, 11번가, 인터파크,
쿠팡, 위메프, 톡스토어

오픈마켓의 장점은 스마트 스토어와 마찬가지로 온라인 몰을 제작하는 비용이 들어가지 않습니다. 입점해서 판매를 시작하기 쉽기 때문에 기존 쇼핑몰을 운영하는 판매자들이 판매 채널을 늘려나갈 때 오픈 마켓을 추가로 이용합니다. 각 마켓에서 진행하는 핫딜과 기획전을 이용해서 매출을 늘릴 수 있습니다. 판매 수수료는 8~13%이며, 스마트 스토어보다 수수료가 비싼 편입니다.

다른 오픈마켓과 달리 쿠팡의 경우 카테고리에 따라 판매자 서비스 이용료를 내야 합니다. 월매출 100만 원 이상인 경우 해당 월 1회 5만 원이 판매자 서비스 이용료로 부과되며, 정산에서 차감됩니다. 가전, 컴퓨터, 디지털 카테고리의 경우 월 매출 500만 원 이상일 때 부과됩니다. 쿠팡의 경우 로켓 배송으로 주부들의 마음을 훔쳐서 주부 구매율이 높은 편입니다.

스마트 스토어와 다른 오픈마켓은 정산일이 구매확정 후 1~2일입니다. 쿠팡은 주 정산, 월 정산을 판매자가 선택할 수 있는데, 주 정산은 70%를 주 정산으로 받고 2달 후에 나머지 30%를 정산 받습니다. 이처럼 마켓마다 수수료와 매출 정산일이 다르기 때문에 자금 회전률을 생각해서 채널 입점을 고려해야 합니다.

3 입점몰(전문몰), 앱 입점 –
10×10, 1300k, 아이디어스, 29cm, W컨셉, 브랜디

특정 카테고리의 아이템이 모여 있는 마켓으로 사이트와 앱이 있습니다. 입점몰에 입점해서 판매를 하는 장점은 해당 몰을 사용하는 특정 계층이 이미 형성되어 있다는 것입니다. 오픈마켓에서 판매하는 제품과 같은 제품이라도 고가에 판매가 됩니다.

오픈마켓과 비슷한 것 같지만 조금은 성향이 다릅니다. 입점몰에 입점하려면 자신만의 브랜드를 가지고 있어야 합니다. 입점몰의 하단에 보면 입점 문의가 있으며, 입점 신청서를 작성하여 제출하고 심사가 끝나면 입점이 진행됩니다. 아이디어스의 경우 수제품을 모아 놓은 입점몰이라서 기존에 수제품이나 디자이너 제품을 선호하는 고객 분들이 모여 있습니다.

입점몰의 단점은 판매 수수료가 20% 정도로 높게 책정되어 있습니다. 입점몰 별로 정산이 늦는 경우가 있습니다. **정산이 늦는 판매 채널의 경우 자금 순환율을 생각해 보고 입점을 결정해야 합니다.** 반대로 여러분이 입점몰의 대표가 될 수도 있습니다. 어렵지 않아서 스마트 스토어나 쇼핑몰로 입점몰을 만들 수 있습니다. 내가 상품이 없어도 입점사를 모집해서 판매를 하면 됩니다. 상품이 있다면 내 상품도 다른 업체들과 같이 입점시켜서 판매도 가능합니다.

〈지그재그〉 〈브랜디〉 〈에이블리〉

요즘에는 앱 입점도 성황입니다. 지그재그, 에이블리, 브랜디 등은 의류 브랜드들을 모아놓은 앱입니다. 이 앱을 TV 광고, 유튜브 인플루언서들이 광고하는 것도 볼 수 있을 정도로 시장이 커있죠. 이런 곳들은 고객이 찾는 의류들을 모아 놓고 AI가 취향에 맞게 의류를 추천해주는 큐레이션의 성향을 띄기 때문에 나의 성향에 맞는 아이템을 쉽게 찾을 수 있어서 많은 고객들이 이용을 합니다. 업체의 사정에 따라 정책은 바뀔 수 있으니 꼭 정책은 확인해 보시기 바랍니다.

4 쇼핑몰

쇼핑몰은 일단 완벽하게 내 소유라는 장점이 있습니다. 브랜드 이미지를 구축할 수 있으며 판매 수수료가 없기 때문에 마진률이 높습니다. 원하는 스타일로 나의 쇼핑몰을 꾸밀 수 있습니다. 다른 마켓들에 비해 이벤트, 쿠폰 등 마케팅의 한계가 없이 다양하게 홍보할 수 있습니다. 매니아층 및 단골 확보를 할 수 있습니다. 수수료가 없기 때문에 활성화된 SNS가 있거나 마케팅 수단이 있다면 다른 마켓을 랜딩 페이지로 연결하는 것보다 쇼핑몰을 연결하는 것이 이득입니다.

단점은 쇼핑몰은 모든 것을 혼자 처리해야 합니다. 스마트 스토어나 오픈마켓의 기획전 등에 참여할 수 없고 광고비를 들이지 않고는 상품 노출을 하기 어렵기 때문에 매출을 올리려면 시간이 많이 소요

됩니다. 쇼핑몰 호스팅 업체에는 카페24, 메이크샵, 고도몰, 가비아가 있습니다.

디자이너들끼리 정보를 공유하는 채팅방에 들어가면 디자이너들도 이런 질문을 합니다. "가비아와 고도몰, 카페24 중에 어디가 사용하기 괜찮아요?", "이번에 회사 호스팅 업체를 바꾸려는데 추천해주실 곳 있 나요?". 웹 디자이너라고 해서 모든 호스팅 업체를 다 사용해보지는 않 기 때문에 이런 질문들을 공유하는 거겠죠?

각 쇼핑몰 호스팅 업체들마다 특징들이 있긴 하지만 대체적으로는 카 페24를 많이 이용하는 편입니다. 왜일까요? 바로 무료이기 때문입니 다. 온라인상에 쇼핑몰을 만들려면 오프라인 상점처럼 땅이 필요한데 우리는 그 땅값을 월세 또는 연세로 지불을 해야 합니다. 그런데 그 임 대 비용이 카페24는 무료입니다. 다른 호스팅 업체는 월마다 비용을 지 불합니다.

카페24의 경우 Html, Css, Javascript 등의 코드로 쇼핑몰 디자인의 변경이 가능합니다. 하지만 단점도 있습니다. 예를 들어 금의 시세에 따라 금값이 변동되는 것을 자동 계산해서 고객이 결제를 하도록 하고 싶다고 할 때, 이렇게 부분적으로 기능 개발을 할 수는 없습니다. 어드민(쇼핑몰 관리사 페이지)을 부분적으로 수정해서 편리하게 변경하는 것도 불가합니다.

고도몰이나 가비아의 경우 프로그래밍 개발이 가능합니다. 그렇지만 카페24가 무료이기 때문에 카페24로 쇼핑몰을 만들어서 운영하다가 전문적인 프로그래밍 개발이 필요할 경우 가비아나 고도몰로 변경하기도 합니다. 아니면 처음부터 특수한 기능이 필요한 경우 가비아나 고도몰을 이용합니다. 그렇지만 생각보다 특수한 기능이 필요한 쇼핑몰이 많이 없기 때문에 무료인 카페24를 운영하는 경우가 많습니다.

5

해외몰 –
타오바오, 큐텐, 라쿠텐, 아마존, 이베이, 해외쇼핑몰

국내 온라인 마켓의 경쟁이 치열하기도 하고, 더 넓은 시장에서 판매하기 위해서 해외에서 판매를 먼저 시작하는 경우도 있습니다. 또는 국내에서 창업해서 이미 매출을 내고 있는 마켓들이 매출 증진을 위해 해외로 시장을 넓히기도 합니다. 예를 들어 한류열풍을 발판 삼아 넷플릭스의 오징어 게임에 나온 '달고나 세트'가 해외에서 비싸게 판매되기도 했었습니다. 해외 판매가 언어적인 장벽이 있지만 그 부분만 넘는다면 매력적인 시장인건 맞습니다.

6 / SNS

SNS는 이제는 단순한 개인적인 취미 공간을 넘어 광고뿐만 아니라 판매 채널로도 급부상하고 있습니다.

블로그 마켓 : 판매와 공동 구매 ～～～～～～～

블로그 마켓은 예전부터 공동 구매로 유명했었습니다. 이전에는 댓글로 주문을 받고 현금 거래가 이루어졌다면, 최근에는 네이버에서 블로그 마켓을 별도로 만들어 놓아 상품을 등록하고 특정 영역에 노출할 수 있게 하고 있습니다. 그리고 사람들이 잘 사용하지 않던 블로그 페이 대신 네이버 페이를 연동해서 결제가 될 수 있게 했습니다. 점점 SNS 마켓 이용이 편리해지면서 시장이 넓혀지고 있는 상태입니다.

인스타 마켓 : 판매와 공동 구매 〰〰〰〰〰〰〰

인스타그램 판매자들은 개인 제품이나 공동 구매 제품을 인스타그램에서 제품 피드와 라이브 방송을 통해서 활발하게 판매하고 있습니다. 인스타 Shop 메뉴가 따로 분리가 되었고, 제품 피드에 태그를 걸어 상세페이지를 연결해서 구입을 하게 할 수 있습니다. 하지만 판매자들이 제품 태그를 걸려면 페이스북 페이지를 만들어서 태그를 걸어야 해서 약간 어려워 하기도 했습니다. 요즘에는 '쓰룩페이'와 같은 결제 PG를 연결해서 인스타그램에서 바로 결제가 가능하게 해서 제품을 판매할 수 있습니다.

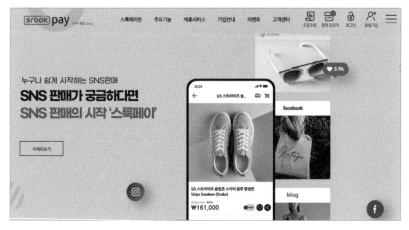

▲ 쓰룩페이

유튜브 : 홈쇼핑 형태 ～～～～～～～～～～～

유튜브에서 구독자를 모으면 어떤 일이 발생할까요? 미리 커뮤니티에 라이브 방송 시간을 공지하고 홈쇼핑처럼 제품을 판매할 수가 있습니다. 미리 판매를 유도하는 피켓도 만들어 놓고 쇼핑몰로 고객을 유도해서 판매가 이루어지게 할 수 있습니다. 어떤 유튜브를 보면 해외에서 라이브 방송을 하면서 그 나라의 제품을 보여주면서 판매를 하는 모습도 볼 수 있습니다. 이처럼 어떠한 SNS라도 나의 팬을 모은다면 판매와 연결될 수 있습니다.

7

영상이 대세!
라이브 커머스

TV 속 홈쇼핑이 한방향이라면 라이브 커머스는 쌍방향입니다. 라이브로 판매를 하면 영상을 보는 시간에 실시간으로 소통을 하는 시간까지 더해져 고객의 체류 시간이 길어집니다. 그리고 팬덤도 형성하게 되죠. 그래서 요즘은 라이브 커머스에서 구매를 하는 고객도 많아지고, 기존 온라인 마켓과 대기업들도 눈에 불을 켜고 라이브 마켓을 만들고 있습니다.

네이버 쇼핑라이브

뉴스에 의하면 2021년 7월 기준 네이버 쇼핑라이브 거래액이 2,500억 원을 돌파했다고 합니다. 어마어마한 금액이죠. 네이버 쇼핑라이브를 진행할 수 있는 조건은 스마트 스토어 등급이 '파워' 이상이었는데 이제는 '새싹' 등급도 네이버 라이브 진행이 가능해졌습니다.

등급표기		필수조건		
등급명	아이콘 노출	판매건수	판매금액	굿서비스
플래티넘	🛡	100,000건 이상	100억 이상	조건 충족
프리미엄	🛡	2,000건 이상	6억원 이상	조건 충족
빅파워	🛡	500건 이상	4천만 이상	-
파워	🛡	300건 이상	800만원 이상	-
새싹	-	100건 이상	200만원 이상	
씨앗	-	100건 미만	200만원 미만	

▲ 스마트 스토어 등급

스마트 스토어 등급은 [씨앗 > 새싹 > 파워 > 빅파워 > 프리미엄 > 플래티넘]의 6단계입니다.

- 산정 기준 : 최근 3개월 누적 데이터, 구매 확정 기준(부정거래, 직권취소 및 배송비 제외)
- 등급 업데이트 주기 : 매월 2일 ⑩ 10월 등급 산정 기준 : 7~9월 총 3개월 누적 데이터(월 : 1일~말일)
- 플래티넘과 프리미엄은 거래규모 및 굿서비스 조건까지 충족 시 부여되며, 굿서비스 조건 불충족 시 빅파워로 부여됩니다.
- 새싹 및 씨앗 등급은 네이버 쇼핑 및 스마트 스토어 사이트에서도 등급명 및 아이콘이 노출되지 않습니다.

이처럼 네이버 쇼핑라이브의 이용 등급이 낮아졌기 때문에 더 많은 신규 판매자 분들에게 좋은 기회가 될 것 같습니다. 그 외에 이전에 셀렉티브 앱(구)에서 라이브를 진행한 적이 있다면 네이버 쇼핑라이브 이용이 가능합니다. 진행횟수와 시간은 언제든 원할 때 할 수 있지만 동일 상품으로 반복 진행 시 일 1회로 권장합니다. 방송 시간은 최소 10분~최대 120분까지 가능하고, 내 스토어 판매 상품만 판매 가능합니다. 19세 이상 구매 상품은 판매가 불가합니다.

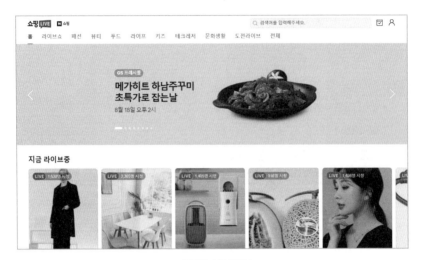

▲ 네이버 쇼핑 라이브

그립(Grip)

그립 역시 라이브 쇼핑 플랫폼으로, 그립 어플의 라이브 방송을 통해서 내 제품을 판매할 수 있습니다. 그립에 입점해서 판매자가 직접 나와서 판매를 할 수도 있지만 '그리퍼'로써 라이브쇼핑 쇼호스트가 나와서 판매를 하기도 합니다. 최근 그립에는 연예인들이 그리퍼로 나와서 판매를 하기도 하고, 2명 이상의 셀러들이 나와서 합방으로 판매도 합니다. 최근 2년 동안 거래액이 450배 성장했다고 하니 라이브 쇼핑의 거대 공룡중 하나임에 확실합니다.

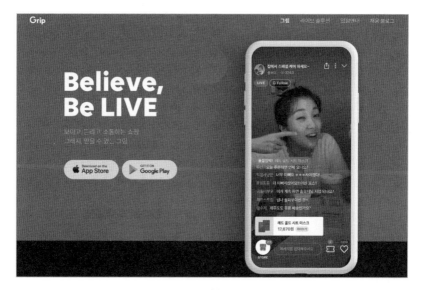

▲ Grip

8 와디즈 : 펀딩 사이트

와디즈는 상품 출시 전 펀딩을 진행해서 고객에게 투자를 받을 수 있습니다. 새로운 상품에 목마른 얼리버드 고객들이 찾는 플랫폼이어서 개발 제품, 아이디어 제품일 경우 와디즈를 판매 채널로 정하는 것도 괜찮습니다. 상세페이지에 스토리텔링, 즉 기획이 필요합니다.

▲ 와디즈

여러분과 고객을 위해서도, 사회를 위해서도, 나쁜 상품을 기획하고 광고했을 때는 나쁘지만, 좋은 상품을 기획하고 광고하는 것은 좋은 일입니다. 처음 기획을 할 때 이런 자극적인 문구를 쓰면 너무 장사꾼처럼 과대광고 아닐까? 고객에게 불안감을 주는 것이 옳은 것일까? 생각했던 적이 있습니다.

하지만 이런 느낌 때문에 구매 전환의 기회를 포기할 건가요? 이런 기획들로 매출을 낼 수 있고, 내 제품처럼 좋은 제품을 고객에게 판매하고 사람들의 삶에 변화를 줄 수 있다면 결과적으로 좋은 일 아닐까요?

여러분이 어떤 제품을 판매하더라도 잘 판매할 수 있는 상세페이지 기획력을 가지고 있다면 그것은 온라인 시장에서 큰 힘을 갖게 되는 것입니다.

상세페이지 기획은 한 번 하고 끝이 아닙니다. 끊임없이 더 나은 문구와 이미지 기획을 고민하고 문구를 바꿔보며, AB 테스트를 해서 구매 전환율을 비교해 보아야 합니다. 내 타겟에게 어떤 기획이 답인지는 실험해보지 않고는 모르기 때문입니다. 이런 실험이 지속적으로 진행되면 효율이 점진적으로 개선되어 실험을 전혀 하지 않은 경우와 비교할 때 큰 차이를 가져오게 됩니다.

끊임없이 고객이 사용하는 말, 고객의 심리 등을 분석하고 경쟁사의 상세페이지를 살펴보며 상세페이지를 성장시켜 나가야 합니다. 수영에 관한 책을 읽은 것과 수영을 하는 것은 다른 것처럼 책에 나온 내용을 여러분의 상세페이지에 적용해보고, 그 기획을 잘 바꿔가며 보다 큰 매출을 내시길 바랍니다.

마지막으로 그동안 수업을 들으셨던 수강생 분들, 저를 믿고 상세페이지 컨설팅을 하셨던 분들, 컨설팅 매출 자료를 제공해주신 스마트 스토어 판매자 분들 감사합니다. 앞으로 좋은 상품과 좋은 기획을 해서 매출을 내시고 성공하는 판매자분들이 되시길 바랍니다.

박길현 드림

월 1억 원 매출이 오르는 상세페이지 기획법

2022년 7월 10일 초판 발행
2024년 6월 10일 3판 인쇄
2024년 6월 20일 3판 발행

펴낸이	김정철
펴낸곳	아티오
지은이	박길현
마케팅	강원경
표　지	김지영
편　집	이효정
전　화	031-983-4092~3
팩　스	031-696-5780
등　록	2013년 2월 22일
정　가	19,000원
주　소	경기도 고양시 일산동구 호수로 336 (브라운스톤, 백석동)
홈페이지	http://www.atio.co.kr

* 아티오는 Art Studio의 줄임말로 혼을 깃들인 예술적인 감각으로 도서를 만들어 독자에게 최상의 지식을 전달해 드리고자 하는 마음을 담고 있습니다.